U0856611

离开我，

让我独自痛苦，

让我独自痊愈，

让我独自生活吧。

我决定独自生活

[法] 玛塞尔·索瓦热奥 著

余中先 译

Commentaire

Laissez-moi

只 为 优 质 阅 读

同时代作家的赞誉

《我决定独自生活》这本书完全应该被看作女性文学的一个里程碑。这是第一本由一个不甘屈从的女性所写成的书，它精确如一道雄性的目光，这目光毫无奴性地落到了那个友人兼敌人的身上。

高贵的伤感之书，勇于面对死亡的书写，直击着被涂抹的权威色彩的男性弱点；人性尊严之书，既然我们无法避免分手——与另一人的分手，与自己的分手，那就以一种冷淡而又严肃的口吻写出来，是多么令人赞赏。

——克拉拉・马尔罗[1]

---

1 克拉拉・马尔罗（Clara Malraux，1897—1982），法国作家和翻译家，二战期间为法国抵抗运动成员。她是作家安德烈・马尔罗的第一任妻子。这段话引自她的回忆录《我们的脚步声》。

一本小小的书，如此苦涩，如此纯洁，如此高贵，如此清醒，如此优雅，如此严肃，在其哀伤与心碎的外表中，保持了一种高雅的格调。如果说，它已经把一种洞悉世事而又伤痕累累的自豪感引入了那种忏悔中，形成了一种新的文学概念，那么，我们几乎就可以肯定地说，这是出自女性笔下的最杰出的作品之一。

——保尔·克洛岱尔

和弦与对位构成的作品——每一主题都有其回声，每一观点都有其对应，显现出一个非凡的内心世界，尤其是对自我的审视。

——保尔·瓦雷里

挑战生命的纯净火焰。

——雷奈·克雷维尔

《我决定独自生活》这本短短的叙事作品值得在图书馆的书架上占有一席之地。

——雅克·德·波旁·布塞[1]

一种嘲讽，丝毫不带形而上的恶意与奢望，它在这片荒芜的风景上投下了一道柔和的光芒，这样的一种嘲讽，显得倒不那么像是精神的一种安排，而反倒更像是物体的一种质量。

——亨利·古伊埃[2]

这本罕见而又纯净的书，对于我们的时代几乎是一个奇迹。随着人们不断地反复读它，人们会越来越觉得它的真实性，能满足精神与心灵双重需求……它给了我

1 雅克·德·波旁·布塞（Jacques de Bourbon Busset，1912—2001），法国小说家、散文家和政治家。1981年当选为法兰西学院院士。

2 亨利·古伊埃（Henri Gouhier，1898—1994），法国哲学家、哲学史家、戏剧评论家。

们和作者同样的激情，同样的由痛苦、疾病以及分离所形成的清醒感觉，而在今天，只有在凯瑟琳·曼斯菲尔德[1]谈到她丈夫以及她生活的最后几页日记中才能找到。

——罗贝尔·布拉西拉赫[2]

1 凯瑟琳·曼斯菲尔德（Katherine Mansfield，1888—1923），新西兰女作家，被誉为新西兰最有影响力的作家。

2 罗贝尔·布拉西拉赫（Robert Brasillach，1909—1945），法国作家和记者。二战期间与德国亲密合作，战后，因叛国罪被判处死刑。

夏尔·杜博斯[1]的序言

为作品的第二版而作[2]

告白（Commenter）[3]，《利氏词典》[4]这样告诉我

---

1 夏尔·杜博斯（Charles Du Bos，1882—1939），法国散文家和文学评论家，写有论梅里美、拜伦、莫里亚克、邦雅曼·贡斯当等文学家的著作。他母亲是英国人，他曾在英国牛津大学读书，后去意大利、德国旅行，过着闲散的生活。他跟纪德、瓦雷里等文学大师很亲近，跟他们有过谈话与通信，这些谈话录与通信集后来都成为重要的文学史料，尤其是他的《和安德烈·纪德的谈话》（1929）。他最有名的作品是七卷的《近似集》（1922—1937），此外，从1929年开始发表的《日记》（1921—1939），则是这位长于分析的细致而又热情的作家所留下的最重要的作品。

2 本文后来收入作者的《近似集》（*Approximations*），法雅尔出版社（Fayard），1965年。——2009年法语版原注

3 “Commenter”是本书《我决定独自生活》早先的书名（也是最近出版的几个版本的副标题）。从1933年初版到1997年，这本书一直使用《告白》作为书名。在当今流行的法语中，“Commenter”这个动词有很多意思：1.注释；2.评论，评述；3.议论；等等。从词源学上来看，它有“共同朝向一个意思去看”的含义。

4 这是一部经典的法语词典，全称为《法语语言词典》（*Dictionnaire de la langue française*），最初由埃米尔·利特雷（Émile Littré，1801—1881）主持编纂，发行于1863年至1872年，通常简称为《利氏词典》（*Littré*）。

们，这个词的意思是思考，从词源学上，它跟mens一词有关——而这个词，则因《论三位一体》[1]而变得十分崇高，它体现出了圣奥古斯丁那些最深刻的思辨的中心与重点：他肯定地说，没有思考，人就不再是人，而只是野兽。但是，任何一种告白，若不是随时随地地建立在自我反思的基础之上，建立在莱布尼茨[2]所定义的这一词语本身的基础之上，就会毫无意义。莱布尼茨谈到它时这样说："自我反思就是一种自我的觉醒。"这样一种加在她自身内部的觉醒，玛塞尔·索瓦热奥似乎是凭借着天生的本能就牢牢掌握了的，并且，是带着一种简单得不能再简单的写作手法实施着的，而这种简单性体现在她的身上，简直就是天性使然。如果说，聪慧敏锐是女性阴柔的特质，在这一正面肯定的词义中，女性的良好品质加进了本能掌握的即刻性与微妙性之中，那么，

---

1 《论三位一体》（*De Trinitate*）是古罗马帝国时期天主教思想家希波的奥古斯丁即圣奥古斯丁（Augustin d'Hippone，354—430）的一部著作。

2 莱布尼茨（Leibniz，1646—1716），德国哲学家、数学家。

习惯行为就是男性阳刚的特质，因为它不具备一丝一毫的殷勤和讨好。首先，一本书的精巧之处就寄于此，她赋予她的书名一种原始的纯洁感，她从那些到处存在的“告白”中摆脱出来时毫发无损，要知道，几乎所有的女人（而从这一方面来看，有多少男人其实都是女人呢！），就像使用那么多保护带一样，用它们来包裹、来减缓、来淡化她们的内心供认。

“我对我自己茕茕独语，但是，这一独白的苦修，有时候实在让我感觉疲惫；假如能有一个心心相印者，能够倾听我、同情我、认可我，那么心境可就会轻松多了；那样，人们就会赢得重要性；人们所说的事情也会变得更为明确，可以触摸到，从而构成人人得以在其中扮演一个角色的幻想的小说世界。人们会尊重纯粹的真实到何等地步？我想象着，即便是在现在，在跟那位“心心相映者”——而就在短短几行文字之后，她还使用了在此更为精确的措辞，把他称之为可替代者：她说她需要一个可替代者——之间切切实实的对话中，玛塞尔·索瓦热奥应该不会跟这一“绝对真相”相悖的。但是，这本书，只有在对话被打断的时候，才真正地开始，这对话首先是被空间上的分离所中断，接着就被一封信的到来所打断，而就在那封来信中，对话者宣布了他已经结婚的消息，而伴随着这一消息的，是他带着那种男性固有的、在类似情况中永远不变的粗鲁笨拙，为她送上充满友谊的祝福。但是，如果说，对话者不了解友谊的真谛的话，那么玛塞尔·索瓦热奥却是深刻理解的：“友谊，我认为，它属于一种更为强烈、更为排他的爱……只不过，它并不那么‘喧闹’而已。”假如她在《我决定独自生活》一书中显露出的不是一个这样的形象的话，那么，就没有什么还会比这本书更不喧闹的了。由此，玛塞尔·索瓦热奥的独白作家的真正本质得到了还原：很快地，她就承认了，甚至还赞美了她事先早就预料到的一种可能性，它甚至还事先就影响到了她的生存方式；而《我决定独自生活》是一本独白，在其中，书简的因素并没有超出——按照一本曾经名噪一时的德语书的书名来看——*Briefe*，*die ihn nicht erreichten* [1] 即那些“没有到达收件人手中的信件”中的书信元素。实际上，在这里，一旦收信人不再是那个“宝宝”了，不再是他，即在我们眼中被描写出了其个体特别属性的那个人了，那么，他就只是一个无名的人物，成为男人自身，成为男人本身的爱情缺陷，男人本身的心口不一，而那种口是心非，是如此地与生俱来，如此地出于本能，它甚至都不会出现在意识中：跟如今的这一位，玛塞尔·索瓦热奥的简单性和严密性就既不愿意，也不能够追踪着对话了。而在《我决定独自生活》一书中，对话者就不再是别的，而只是偶然原因了，而借着这一偶然原因，她被带回到她的不变形态上，重新恢复起“自言自语”的习惯，对她独自一个人，并且，把她独

1 《他未曾收到的那些书信》（*Briefe*, *die ihn nicht erreichten*, 1903）是德国女作家伊丽莎白·冯·海靖（Elisabeth von Heyking，1861—1925）的主要作品。

白中朴实无华的风格推向极致。严厉苛刻，恐怕没有一个修饰语能比它更好地不仅用来形容这本书的内涵，而且用来形容它的艺术之美，它就像是古老时代的日本小雕像，其中，个人的激情消失殆尽，而它的表达，则就是那种凝定不动的全神贯注本身。

> 等我痊愈后，你就不再会觉得我有一副坏脾气了。我是个病人。你对我说过，病人都会竭力对周围的人表现得更温柔，你还给我举了好几个例子。当你开口说教的时候，我就不太喜欢你了；你的话让我犯困，直想打哈欠，而假如你指责我的话，那是因为你爱我爱得不那么深了：你拿我跟别的人比较。病人都很温柔，但是我，我却很疲倦；我的所有力气全都耗费在了坚持下去中，耗费在了对那些根本不理解我的人说“谢谢”的过程中。但是你，要这一句“谢谢”又有何用？你没办法理解，因为你不曾有过这样的体验。我曾问过你，假如连续八

天你都无法入睡，会是一种什么心情。你回答我说，你从来都没有经历过这样的情况，但那一定不会是很愉悦的。显而易见，你是无法理解的。

很显然，对一个身体健康的人来说，要想理解一个病人，几乎就需要拥有某种才华，恰如对一个病人来说，要想始终对健康之人表现出温柔，那几乎就得拥有某种神性。空间中的任何分离，全都抵不上由疾病与健康在生命物之间画出的这一分界线，而恰恰是在载着她前往疗养院的那一列火车——它也因此而增大了空间中的一种分离，我们的这位女病人完成了这一论证。然而，所有的女人都将会在这一普遍女性化的论据中重新找到自己的影子：“假如你指责我的话，那是因为你爱我爱得不那么深了：你拿我跟别的人相比。”如果说，女人们往往就是带着一种令人绝望而又令人恼火的千篇一律的手段求助于这一论据的话，那是因为，用到一个男人头上，太经常地，它是很有效的：我们说的是，太经常地，如若不是在他“指责”的时候，至少也会是在“跟别的人相比”的时候，确实，这是一个信号，表示男人“爱得不那么深了”；而做出“指责”，还有“跟别的人比较”，在一个女人身上，则常常造成了她更喜欢的后果，她会因种种的指责和比较而轻松下来，之后，她会体验到她已经触及了爱情，触及了她的爱情，它就在那个人的身心之中，在她的眼中，他就是爱情的化身。这是十分寻常的主题，但是，在这一主题的基本旋律上，玛塞尔·索瓦热奥还会点缀上最微妙的不搭调的变奏，因为，在任何的情境中，在她内心中依然还有 “意识深处的小小一隅始终明白如初，知道发生了什么”，它“未被震动”，它在“评判”，它在“衡量”：

> 被彻底震撼到对一切都一无所知，这实在是一种幸福。但是，仍然还有意识深处的小小一隅始终很清醒，明白发生了什么，而且，正因为整个人

还清楚地知晓，这小小的一隅便允许任何一个有智慧、有理性的人都能每分每秒获得某种幸福，能有这意识深处的小小一隅，能慢慢地赏析快乐的逐渐进展，并一直追随它到幸福的终点，这难道不是一种幸福吗？还留有未被震动的小小一隅，但是这小小的一隅成了我们所感到的快乐的见证。正是它，不仅记得，并且还能说出：我曾是幸福的，而且我知道那是为什么。我很愿意一时冲动，头脑发热，但是，我又愿意把握住我一时冲动头脑发热的那一刻，把认知推向已然退位的意识的最远点。我们不应该在自己的幸福中缺席。

在她的任何一种内心状态中，玛塞尔·索瓦热奥都是不“缺席”的，但是，在今天，要想遇到这种对幸福的尊重，还有这种生存的欲望，是很珍贵、很稀罕的事，这是一种如此独特的欲望，希望人们能借由回忆的照料而继续充满香气，能继续生存下去，恰如其早先曾经历过的那样。让我们在此回忆一下小说《爱人》[1]中的主人公弗朗索瓦的那种隐情，这位弗朗索瓦跟作者雅克·里维埃尔是那么相像，简直就是他的兄弟："我纯洁得毫无任何邪恶，然而，我却受着心理范畴中的一种反常现象的折磨……我一点儿都不爱幸福。"而玛塞尔·索瓦热奥，正是因为她不仅爱着幸福，而且还爱着对幸福的回忆，正是因为她需要这一"所感到的快乐的见证"，她才那么感激这"未被震动的小小一隅"。只不过，对这小小的一隅，任何东西都无法从中逃脱出来，尤其是跟另一人有关的任何一切都不能够逃脱出来，尤其是，当这另一个人是她所爱的男人时，而这"小小的一隅"在不管你愿意还是不愿意都不震动的情况下，它就会给予她一种远远优于另一人的最为无情的优越性："我的内心这一隅评判了您，衡量了您；而通

1 《爱人》（*Aimée*）是法国作家雅克·里维埃尔（Jacques Rivière，1886—1925）的一部小说，1922年出版，小说描写一种强烈而又纯洁的情感，带有古典主义的愁思、严肃的心理分析。

过对您的这一番评判，这一番衡量，我看到了您的弱点，您的缺陷。”但是，恰恰正是在这里，插入了玛塞尔·索瓦热奥在通常主题的基本旋律之上所点缀的那种最微妙的不搭调的变奏：在绝大多数女人身上，对她们所爱男人的“缺点”的了解，往往体现为爱情的脆弱，而这爱情只会在之后才重新找回它的强大，那将是在一种抵抗伤害的反应中，抵抗所谓的认知对爱情刚刚造成的那种伤害；因为，认知与爱情都以一种相继的节奏进入到了竞赌游戏中，而且，这一相继性是迅速的，并不断更新的；而在玛塞尔·索瓦热奥的身上，情况则刚好相反，认知与爱情以一种完美的同时性而共同存在，正因如此，玛塞尔·索瓦热奥才立即补充道：

> 假如我留下来，接受这些缺陷，甚至还喜欢上它们，又有什么关系呢？哦！男人，你总想得到他人的赞赏和仰慕。而你，并不评判，也不衡量你所爱的女人。你就在那里，拥有了她；你抓住了属

于你的幸福，而她似乎不再属于她自己，丧失了理智：而你感到幸福。她向你喊“我爱你”时，你感到心满意足。你不再粗鲁，温柔地对她说话，为她担忧。你用轻柔的话语安慰她，哄她入眠。但是，你不去评判她，因为你要求她因为你而感到幸福，并且要求她对你说她因为你而感到幸福。但是，假如你发现有一双眼睛在凝视着你，然后又对着你微笑，那么，你又会有些反感。你仿佛觉得，有人“看到”你了，而你却并不愿意被人看到：你只愿意独立“存在”着。［……］你的弱点只能属于我。我通过不间断地检验你，一点一点地发现了它们。我为你有这些小毛病而痛苦不已，但是，我并不期望你有所改变。［……］再也没有什么比弱点与缺陷更诱人：正是通过它们，人们才能抵达所爱之人的灵魂深处，而灵魂，往往会想表现得与众人一致而持续地掩藏自己。［……］别再抱怨我对你的评判与衡量了，我不会因为了解你更多，就少爱你一点。

玛塞尔·索瓦热奥在此定义的——就她自己来说，她感受到了这一点，但是，生活中又几乎没有任何例子能向她证实那样的一种互相性——根本就不是理解之爱，即歌德和夏绿蒂·封·施泰因[1]在整整十年间所曾品赏过的、经历过其顶点的那一种，而世界诗歌中唯独有这一句“为什么你给我们那些深邃的眼神”[2]构成了它的辉煌顶峰，在我那些未发表的概述歌德的一篇文字中，我曾经就这一爱情写过如下的话：“彼此不理解，那彼此就不再相爱，而通过彼此理解，事情就会朝相反的方向发展——而在这里，甚至还得加上‘彼此相爱’，是因为彼此理解，只因在这里，理解是爱的基础，甚至是它的核心——彼此相爱，因为两个人中的每一个都看

1 夏绿蒂·封·施泰因（Charlotte von Stein，1742—1827），是魏玛宫廷的女官，也是歌德的密友，歌德为她写过不少的情诗。

2 这是歌德众多题为“致夏绿蒂·封·施泰因”诗歌中一首的第一句。原文为“Warum gabst du uns die tiefen Blicke”。

待另一个如他现在的样子，而不是他伪装、修饰后的样子——啊！人类最罕见的、最辉煌的杰作之一，就在于此了。”

但是，反过来，我们同样也可以说，所谓的理解之爱，必须首先设定世间所有的生命物都是平等的，我要把那种愉悦留给《我决定独自生活》一书的读者，让他们通过种种细致入微的、平心静气的、破除幻想的分析去发现，在这里，究竟是什么才构成了那些不同的社会等级之间不可消除的差别。而且在这里，还有别的东西呢：一个关键性的句子显示，在所谓理解之爱之外，在情感的层面上，玛塞尔·索瓦热奥以最终手段所追求的，就是这种创造性的爱情，在那里，从绝对的彼此理解中，从两个存在体的结合中，诞生出了第三种存在：那是一种完全整体的存在，活生生的却又非物质的、在场的却又看不见的，由两个人中每一位“更好”的部分所构成，那是一种更好，它在两个人中每一位的身上均处在本真的已知条件状态中，但是，所有这两个人全都“希望”把它引向完美的完成状态——勃朗宁夫妇罗伯特和伊丽莎白所实现的那种爱[1]，而勃朗宁的《在火边》[2]就展开了那种爱的永不枯竭的、始终影响着世人的变形。玛塞尔·索瓦热奥是这样写的：“而让我感觉痛苦的，并不是那么一段爱情的死亡，是我们互相创造的一个真正活生生的见证物的消逝，兴许，它还是我独自一个人创造出来的呢……这一见证物就是您和我的一种结合，您和我，就像我们彼此意愿的那个样子。”因此，爱情就从理解出发，走向了这一创造之中，而从人

1 这里指的是序言作者的那本书《罗伯特和伊丽莎白·勃朗宁，或人类之爱大全》（*Robert et Elizabeth Browning ou la plenitude de l'amour humain*），Méridiens Klincksieck出版社，巴黎，1982年。(出版者编注解)——2009年法语版原注

罗伯特·勃朗宁（Robert Browning，1812—1889），是英国诗人、剧作家。伊丽莎白·巴雷特·勃朗宁（Elizabeth Barrett Browning，1806—1861），是罗伯特·勃朗宁的妻子，也是英国维多利亚时代最受人尊敬的诗人之一，她的作品对艾米丽·狄金森、埃德加·爱伦·坡等人都有一定影响。

2 《在火边》（*By the fire side*）是罗伯特·勃朗宁的著名诗篇之一。

性的角度来说，在这之外也就没有任何什么了，正因如此，我准备写的关于罗伯特和伊丽莎白·勃朗宁的那本书，用了“或人类之爱大全 ”这样的字样来做副标题。

“兴许，它还是我独自一个人创造出来的呢……”玛塞尔·索瓦热奥的确是独自一人创造出了这一“真正活生生的存在物”，而死去的爱，她再把她自己还给了它那基本的孤独：

> 我尝试着在您之外寻求一个小小的支撑，以便到了您不再爱我的那一天还能够有所依靠。这小小的支撑，不是另外一个人，不是一个梦幻，也不是一个幻象。它就是您所谓的我的自私和骄傲；在痛苦中，我希望能够重新找到的，正是我自己。我希望能够把我紧紧地粘牢在我自己之上，独自与我的苦痛、我的怀疑、我的信任厮守在一起。在悲伤

中，恰恰是因为我感觉到自己，才能有继续下去的力量。即便一切都变了，一切都让我痛苦不已，我还是我自己。若是要让我彻底迷惘，就必须让我确信，我已经不再需要我自己了。

让我们把称呼的权利留给一个从此再也派不上用场的“心心相映者”吧，让他费心地在那么多的词语之后，去把那种旨在“把自身紧紧地缩在自身之中”的运动称作是“自私自利”和“高傲自大”吧，要知道，这运动是本能地冲动，基本的，恰似一种自身的需要，而同时，存在物的整个尊严全都集中在这里头了。很少有什么运动会更加深刻，更加尖锐，更加不可避免，而且，即便始终作为一种初始的运动，也没有什么能比它发展出更多的结果来。让我们好好地回想一下皮埃尔·曼恩·德·比朗[1]如此真切的话语吧：“人文

1 皮埃尔·曼恩·德·比朗（Pierre Maine de Biran，1766—1824），法国哲学家、数学家，他也是一位心理学的先驱。

科学的两极：我之人（la personne *moi*），一切出发于此；神之人（la personne *Dieu*），一切终结于此。”对于人的本来就很专注又很自反的本性来说，无论它能不能到达神之人那里，能够肯定的是，只有从我之人开始，它才能最终到达那里，而对它来说，任何情况下，一切正是从我之人那里出发的。但愿，在这一先天性的自反的专注之上，能够同时加进去心灵的痛苦与肉体的疾病——啊！只有那些“显而易见地不能理解”的人，既不能理解心灵的痛苦，又不能理解肉体的疾病的人，才会用“自私自利”和“高傲自大”来指责人把自身的整个能量都严密地封闭在自我的堡垒中。

只不过，我们要问一下，在堡垒的内墙之中，究竟发生了什么呢？难道是独白在反复，在继续？难道是内心的对话在开始，在闪亮登场吗？“我对我自己茕茕独语”，但是，即便是自己对自己茕茕独语，也有两种不同的方式。首先，有一种纯粹独白的方式，阿米尔[1]就表现了这一方式的临界情况，我曾经这样写过这位阿米尔："他以那一种无保留的、冷漠的、几乎非人类的认识来认识自己，在这里，人们看到自己重新过场，简直可说就是在始终同一又始终可预见的自身面前重新经过。"而其中的危险就蕴藏在这一周期性的、循环不已的特性中，因为，恰如拉蒙·费尔南德兹[2]在谈到普鲁斯特的《心灵的间歇》[3]时所注意到的那样，"越来越明白到人们并没有在进步，这根本就算不上进步"。另外还有一种独白的方式，那就是

1 亨利·弗雷德里克·阿米尔（Henri Frédéric Amiel，1821—1881），瑞士哲学家、诗人和评论家。

2 拉蒙·费尔南德兹（Ramon Fernandez，1894—1944），法国作家、记者、文学批评家。其子多米尼克·费尔南德兹也是作家，入选法兰西学院院士。

3 《心灵的间歇》（*Intermittences du coeurs*）是有人根据法国作家马塞尔·普鲁斯特的巨著《追寻逝去的时光》（通译《追忆似水年华》）的第四卷《索多姆与戈摩尔》中一些章节重新编排而出版的一本书的标题。有研究者发现，《心灵的间歇》这个标题最早曾被普鲁斯特考虑用来作为《追寻逝去的时光》一书的书名，因此，不少人（尤其是当时的人）还是会把《心灵的间歇》用来指称《追寻逝去的时光》一作。

奥古斯丁在他三十三岁时写给内布里德[1]的第一封信中所表达的那种方式："晚餐之后，我在我灯盏的微光下读了你的信。我都已经快要上床了——我不是说我要睡觉了，因为，一旦在床上躺下之后，我会久久地陷入思考之中，对我自己独语，是奥古斯丁对奥古斯丁。"——"奥古斯丁对奥古斯丁"：真正的内心对话正是这样闪亮登场的。如果说，一切都是从我之人开始出发的，如果说，首先，最重要的是要围绕着我之人做自我反思，那么，接下来的实习期却正好相反，要建立在一种对我之人的两分法的基础上——哦！这可根本不是一种长久以来被心理学家们用来让我们慢慢熟悉的两分法，甚至也不是那一种，按照着那一种方法，瓦雷里[2]在新近就其关于

1 内布里德（Nébride）应该是奥古斯丁的一个亲密朋友，他在米兰教授语法期间认识并爱上了奥古斯丁。分别之后，他们长久保持通信联系，他把奥古斯丁叫作"幸福的人"。

2 保尔·瓦雷里（Paul Valéry，1871—1945），法国著名的象征派诗人，著有《年轻的命运女神》《海滨墓园》等名作。

《列奥纳多》的《笔记与杂谈》[1]所写的一篇阐释文字中曾如此写道："人的个性是由记忆、习惯、倾向、反应所构成的。总之，它是存在物本身那些最为敏捷的反应的总和，正是这种敏捷引导着我们的本能倾向做出不同的反应。然而，与人的简单而又纯洁的意识——而意识的唯一属性便是存在——相比较，所有这一切都可以被看成偶然的意外。而意识，正相反，它完全是不具人格的。"不是这一种，而是那种精神上的两分法，在这里，在心理学意义的孤独者的区域之外，尤其，在不具人格的意识的区域之外，在两个奥古斯丁的内心对话中，其中的一个，我之人在时间中亲历了其具体持续期的那个奥古斯丁，他发现，另一个奥古斯丁完全彻底地超出了他，超越了他，并且，对他已经变得完全无法估量。这另一个根本就不是奥古斯丁的心灵，

1 《列奥纳多》全称为《列奥纳多·达·芬奇方法导论》，是保尔·瓦雷里的作品（1895年初版）。《笔记与杂谈》（*Note et Digression*）是瓦雷里1919年写的一篇文字，用来作为自己的《列奥纳多·达·芬奇方法导论》一书新版的序言。

根本不是一个不具人格的心灵，而是有人格的，甚至还达到了独一性的地步，是永恒的内在[1]，这一在我们自身中的内在现实，就是我们身心中的永恒现实。因此，在奥古斯丁的论心灵及其起源[2]即我们今天称为《论心灵及其起源》的论著中，这位已经六十五岁的人说出了这样一句话，其中的真理源源不断，永不枯竭："我们对于我们自己来说过于高大，过于强壮，我们超越了我们学识的狭窄界限，我们无法占有我们自身，然而，我们又并不在我们之外。""我们无法占有我们自身"，但是——永远反复的错误正是存在于此，最为严重的误解正是发生在此——根本不是因为这一"我们本身"与一种"完全无人格的意识"相比而言是"偶然的"，根本不是因为这一"我们自身"的不坚实可靠，它才倾向于走向空无或者走向虚无，完全相反，是因为"我们对于我们自己来说

1 拉丁语，原文是"internum aeternum"。
2 拉丁语，原文是《*De Anima et ejus origine*》。

过于高大，过于强壮，我们超越了我们学识的狭窄界限”。当雅克·里维埃尔说到他那最无孔不入的一种直觉时， 他感觉到了这一点，他这样说：“在我们自己与我们的心灵之间，永远有着一种细微的区别，一种令人泄气的区别。”真正内心对话的目的，是要由此把我们一直引导到那一道神秘的门槛上，在那里，尽管“无法占有”我们的心灵本身，我们还是会触及它；并且，通过如此触及它，就足以让我们永远都不会去怀疑它的存在这一现实。我曾在别处这样写道：“对心灵的信任，是一种现实，恰如心灵本身那样：这是同一种现实，它是这样的一种现实，人们可以体验到它，人们会等待着涌入到完全的现实之中，而那种对心灵的信任则把我们特地留给了这一现实。”或早或晚，人们会涌入其中，因为神恩是永远都不会拒绝那些并不拒绝前往自己心灵深处的人的；或早或晚，心灵自身会在创造了它的天主面前抹除自身的，而在那一天，对写出了《忏悔录》的圣奥古斯丁来说，正是对着天主，心灵使用了种种意义盈满的词语，发出了充满感激之情的叫喊：“但是，你比我最私密的心底还更在我的内心之中。”

这一段行程恰恰正是为所有那些天生的专注者所提供的那一段，它如同一条道路在他们眼前展开，为他们所有的才能确保了其最丰饶、最高雅的使用：对所有这些人来说，无论他们是健康者还是病人，它都是一视同仁地给出了建议；只不过，即便是生来就很专注的人，那些健康者也要受到无数的各色各样的分心的约束，从中得出的结果便是——通常，“他们显然并不那么了解的”并不仅仅只是疾病。当他们已经成为天生的专注者时，病人们尤其会是一些“应邀提请注意者”，克洛岱尔[1]在以此词语作为标题的精彩文

1 保尔·克洛岱尔（Paul Claudel，1868—1955），法国诗人、剧作家、外交家，曾在中国住过十几年（1895—1909），担任过法国驻上海、福州和天津的领事。

章[1]中正是如此称呼他们的：

> 在他们中间，假如我能够选择的话，我与之交流的对象就不会是那一些，疾病对他们只是一种偶然，一种暂时的考验，而是另一些，在此不妨借用一个看起来很残酷的表达法，疾病对他们就是一种感召，一种整个大自然的彻底皈依。我会跟那些适应了新环境的人打交道，跟那些以帕斯卡[2]式的态度对待疾病的病人，他们并不期待自身疾病的痊愈，一旦他们的患病状态被接受，他们就把一种清醒的目光转向他们特有的这一奇特的生存状况，那是一种兼有基督徒和学者意识的特别目光，他们能够做到思考这样一句内涵丰富的话：“我的希望就在我

---

1 《应邀提请注意者》（*Invités à l'attention*）是克洛岱尔的一篇文章，写于1929年，以“致苏珊娜·福歇小姐（Suzanne Fouché）的信”形式发表，后收入在集子《与痛苦的对话》中。

2 帕斯卡（Pascal，1623—1662），法国数学家、物理学家、哲学家、散文家。著有《思想录》（未完成）。

所专注的那一边。"

这一位玛塞尔·索瓦热奥，专注于那种感召，并且"应邀于注意"那另一种由疾病所变成的感召，那么，她的"希望"怎么会不落到她所"专注"的"那一边"去，她又怎么不会遇到那同一位克洛岱尔的如下诗行所曾谈到的那个人啊：

> 某个在我内心中比我本人还更自我的人（Quel qu'un qui soit en moi plus moi-même que moi）。

一九三三年圣诞节前夜—十二月二十八日

目 录

一九三〇年十一月七日

“你把这视为爱的证明，不是吗？”火车的行进节奏不断地重复着这个句子。我有点冷，把自己蜷缩在一个角落里，试着睡上一觉。——真冷啊！——这列火车为什么就这样出发了？做了傻事后的那种焦虑不安，正紧紧地掐住我的喉咙；我早已离开了那一段脆弱的幸福，返回疗养院；我真傻。最近这几个星期，我得到过一点点快乐；可是，作为代价，我将会承受一种巨大的悲伤。

“你把这视为爱的证明，不是吗？”我仿佛又重新看到那张痛苦不堪的脸在对我说着那句话。我又看到了同一张脸，轮廓叠加在一起，离我的脸是那么近，眼眶中满是泪水，对我说：“嫁给我吧，您终将会辜负我……”我是多么渴望这一幕能重新来过，好让我能亲吻这张脸，并对他说：“我永远也不会辜负您。”但是，世上的事是无法重来的；而这句话，我也没能说出口，因为我不知道，应该在什么时候说，用什么样的口气说。我过于激动了，为了不让自己任由情绪摆布，只好变得冷酷无情。究竟要怎样做，才能让别人感受到情绪爆发的瞬间所带来的震撼呢？就让我们伴着这柔和的摇篮曲静静地入睡吧：“你把这视为爱的证明，不是吗？”我送给你一个飞吻。假如你爱我的话，我就将痊愈。

而等我痊愈后，你就将看到，一切都会好起来。我很开心能直呼你为“你”，反正你不在这里了。我还不太习惯，我似乎觉得，这是被禁止的：然而，这实在太美妙了。你相不相信，有朝一日，我当真能对你以“你”直呼？等我痊愈后，你就不再会觉得我有一副坏脾气了。我是个病人。你对我说过，病人都会竭力对周围的人表现得更温柔，你还给我举了好几个例子。当你开口说教的时候，我就不太喜欢你了；你的话让我犯困，直想打哈欠，而假如你指责我的话，那是因为你爱我爱得不那么深了：你拿我跟别的人比较。病人都很温柔，但是我，我却很疲倦；我的所有力气全都耗费在了坚持下去中，耗费在了对那些根本不理解我的人说“谢谢”的过程中。但是你，要这一句“谢谢”又有何用？你没办法理解，因为你不曾有过这样的体验。我曾问过你，假如连续八天你都无法入睡，会是一种什么心情。你回答我说，你从来都没有经历过这样的情况，但那一定不会是很愉悦的。显而易见，你是无法理解的。此外，我还知道：当我们在乡下时，你并不高兴；你很想回巴黎，因为你的女性朋友在那里。于是，你就急着离开乡下回巴黎，你觉得我很烦。你瞧，这并不是我的本意：我本以为，我请你来我这里会让你高兴的呢。在巴黎时，你比现在要温柔体贴多了……那时你觉得我也更温柔体贴：因为，有她在那里。还有，你不喜欢病人。我相信，你赞同这样的想法：人们得把病人们关起来，把他们统统消灭掉。你真该也生一场病。

“你把这视为爱的证明，不是吗？”这句话该怎么理解才好呢？我知道你已经不爱我了。你小心翼翼地谋划着，只为避免对我说一句：“我爱您！”你是不会对我作出任何承诺的。然而，对于我这样一个孑然一身的、远远离去的人，能满怀信心地沉湎于你的爱之中，该有多好。我需要这种感受：我渴望在我病愈之后重新找回它。确信还有某个人在持续地爱着你、等着你，其他的一切于他全都是过眼云烟，不屑一顾，这对一个病人来说，真的是一种莫大的幸福：

他会发觉，他所抛弃的生活意识到了他的缺席；他无法想象一个崭新的未来；跟往昔的断然决裂让他陷入了虚弱与痛苦之中，他对“此后”的要求，仅仅只是继续并改善以往的生活。

我很希望把昨夜的回忆保存在我心中，就像一个护身符一样随身携带。让我们闭上眼睛，让幻象重现。这就如在梦中一般：身体必须纹丝不动。

我爱你。

特奈-欧特维尔[1]！

我害怕。我真的不想下车啊。

我真想躲进一个不会被人看到的角落。我真想把我自己忘得一干二净。继续乘坐火车，驶向远方旅行，那该是多么快乐的事啊！我徒劳地等待一个偶然

1 特奈-欧特维尔（Tenay-Hauteville）在法国的安省（Ain）。1930年10月，作者曾来这里的疗养院治疗肺结核。

的指示：一切仿佛都在指引着我离开。该怎么办好呢？现在，必须下车了，必须回到那栋充满了忧伤的房子里。但是，为什么必须如此呢？我感觉两腿沉甸甸的，那是一种近乎快感的犹豫，它让我在只有短短一分钟时间做出决断时，却根本动弹不得。我对自己说："我不动，我不动……"而到了最后一秒钟，我还是以一种难以想象的速度，以一种几乎疯狂的惊惶，来完成我之前一直犹豫不决的行动。我很勇敢；我下了车；我有条不紊地办完了所有的手续，用来证明自己是很强大的。在巴黎有个人爱着我呢：我将会回去的。天下着雨，还蒙着一层雾；时间是下午四点钟，天色几近于暮晚。此时此刻，如若能待在一个暖洋洋的小小公寓中，跟他一起喝着热茶，那可是再惬意舒适不过的事了。我们兴许会谈到我们的童年时光。天下着雨，天色昏暗。我紧张地凝望着疗养院，像是要提前领略我将在那里感受的所有痛苦。兴许，这样想一下，到时候，我将要感受到的痛苦不那么难挨了。我看见一个个穿着睡袍的男人和女人，眼窝深陷，还一阵阵地咳嗽着；我感到自己又成了病人。我为什么要回到这里呢？我跌坐在房间里的一把椅子上；一件又厚又重的大衣压在我的肩头，黏答答的，上面似乎沾染了厌烦、疾病与绝望：我很冷。我的美梦化为丝丝缕缕，消散而逝。我再也听不见那个声音，我已不再有他的爱意的拥抱。天亮时，黎明会把我们从一场梦境中唤醒，我们尝试着闭上眼睛，一动不动，竭力地重构幻景，继续美梦。但是，白日的光亮摧毁了一切：话语不再有声音，动作不再有意义。就像一道彩虹已经化为乌有：些许色彩残留了一瞬间，随即湮灭于无形，似乎还会返回：却什么都不再有了。我的整个美梦就这样消散无踪。真的可能什么都没有了吗？我傻傻地重复道：我要离开这里……而我试图重新捕捉那一个个碎片，想让昨晚的美景重现。但是，那是一片蜃景，已然碎为粉末了。

明天，我将写信给你，而我却无法再直呼你为“你”，我将写信给你，而我却无法对你说尽我内心想对你说的全部的话。你就这样留在了那边，留在了我们曾一起生活过的地方，你能不能明白，我已经成了一个囚徒？我再也不知道该如何说话了。我在这里变得日益迟钝，我似乎感觉到一个冷酷而又确凿的事实，当我待在这里，一切不再有可能：你不会继续爱我了。

一九三〇年十二月十日

我今天收到很多信：他的那封信我放到最后再读。它兴许将说出我等待中的那些事。

自从我返回疗养院后，他的那些来信总是让我感到失望，让我忧心忡忡：我真的相信，他已经不再爱我了。我病了整整两年，还常常不在他身边；他，一直继续着自己的生活；我向来愿意相信他会等着我的：但是，说真的，他是否一直在等我呢？在他看来，这种种的事情是不是全都是暂时的、不完整的呢？他是不是在等着我回去，好让那一切全都重放光彩呢？或者，这一切都将悄然消逝，而他毫不惋惜，他确信，等我归来的时候，一切都会更加美好？

没错，我确实很笨拙；我很不善于表达自己的情感；一旦说出几句关于情感的话来，我就会嘲笑我自己，嘲笑其他人，我会以一个极具讽刺意味的句子来破坏它原本浪漫的情调。这出自一种对自我的怀疑；这出自一种惊讶，惊讶于听到自己会像其他人那样真实地流露出肺腑之言。我倾听我自己，仿佛是倾听另一个人在说话，我不再相信自己的真诚了；在我看来，言语似乎夸大了我的情感，让它们变得有些不真实。我似乎感觉得到，人们会对我报之一笑，就像是在面对一个在感情中懵懵懂懂的女孩子。“我爱您。”这根本不可能是我说出的话。假如有人信了我的话，而我自己却弄错了，那可怎么办才好呢！于是，我就不得不用一种答非所问的句子来结束这个话题："您，您爱我，既然您都这么对我说了；但是我，我担心，恐怕没有人会像我那样去爱一个人：其他人应该比我还更善于爱，更善于表达爱意。"我害怕有一天我会发现自己不爱了，所以，我会预先对这段感情产生怀疑之心，我担心，人们会因此指责我虚情假意；于是，我便会想象出我自责自己缺情少爱的千百种情境。我声称自己不会忠诚，然而，为了不让我不爱的人伤心——哪怕仅仅只是在脑子里想想而已——我也会拒绝同另一个人一起去剧院看戏，或者哪怕只是亲吻我的指尖。这样，通过否定我心中的爱，我会对那个对我说"我爱你"的人更加在意。

我期望有人能猜透我的心思：但是，人们往往只注意到答非所问和讽刺的话语。他也一样，一定也只看到了这些东西；我并没有向他显示别的任何东西。难道我没有奢望过他的等待吗？然而，最近这些日子里，他给我写来了几封信，信中可谓妒意满满。他应该还在爱着我。眼前的这封信兴许就充满了柔情蜜意呢。

“我结婚了……我们的友谊永存……”我不知道究竟发生了什么。我手足无措，完全不能动弹，而房间就在我的周围旋转。我觉得，在我的肋部，就在我时常感觉疼痛的地方，位置或许还稍稍更低一些，有人正在用一把十分锋利的短刃慢慢地割开我的皮肉。整件事情的价值顿时就彻底变了样。像是一段被卡死了的几帧没有放的电影胶片；而在已经放映的胶片上，人物凝滞在了木偶一般的举止中：他们曾经充斥着我的身心以及我的期待，但现在他们不再有什么意义。我不知道他们身上将会发生什么，但我已然把我的灵魂交给了他们；可是此后什么都没有发生，早先的情节也都变得空洞、破碎；我仿佛感到，我早已把我自己交给了一副空空的骨架，而它的僵硬正在无情地嘲笑我的忧伤：我甚至都无法去责怪它。最后那一帧曝光了的胶片让我痛苦不已，它们曾载满承诺：而那些空空的胶片守住了这些诺言。

当一种陌生的痛苦出现时，人们往往会拿出更多的力量来抵抗它，因为人们并不知晓它的强大：人们眼中看见的，只有他们的斗争，希望有一种更为盈满的生活会重现于将来。但是，当人们知晓了真相后，就只想举起双手，连声求饶，并带着一种满满的倦怠、惊愕的表情说：“又来了！”人们预见到了他们必须经历的所有的痛苦阶段，并且知道，在那之后，便是虚无。

清晨时分，当我从睡梦中苏醒过来，那个时刻，痛苦还不那么强烈，我会祈求救世主让我再好好睡上一会儿。像被棉絮包裹着的肿瘤一般：突然之间，一阵剧烈的刺痛袭来，有那么一个小小的、清晰的场景，在两天之前，它看起来还无关痛痒；那个动作，那道目光，之前也引不起什么波澜，可现在来看，这些举动仿佛是对另外一个女人的示爱，一阵痛苦的痉挛席卷而来，几乎让我的心跳骤然停止。一个想讨他欢心的秘密计划，现在却在突兀的鬼脸中终止。白天的时光到暮晚时分，有一些让人平静的时刻，那时，让我讶异的是，时光悄然流逝，却什么感觉都不曾留下；人们警觉地窥伺着句子、声音、香气，担心着某样事物会让痛苦重现。微不足道的一件小事都会成为流泪哭泣的借口；报纸上读到的一句蠢话，如若在别的日子里，恐怕只会让我耸耸肩膀一笑了之，如今却让我陷入患得患失的深渊。那另一个女人，她又是何许人也？我想她应该被赋予了所有美好的品德，我想象着他们俩在一起的样子，他们会拥有一种异乎寻常的幸福而始终快乐无比；在得知这一消息之前，这种幸福对于我来说无足轻重。但是现在，我感觉自己悲惨至极，我简直就想腼腆地说："我也一样，我也是可以让您幸福的，您也曾对我这样说过的。"我反抗、诅咒，想要报复。但报复并不会到来，或者是来得太迟，那时候我已经将这一切遗忘。报复，只有在现在才会是最好的，因为它能把你尚存的爱给我，兴许我还会赢得这场爱情的胜利。我们的爱对于"他的心"来说，不再有什么分量了。但是，假如突然间"他"开始像我们那样因另一个人而痛苦起来，或者，假如"他"后悔了，相信这一切为时已晚的时候，能立即赶去安慰他，又是一件多么开心的事啊；爱情，在安慰了那个将它断然摈弃的人的同时，也就只能安慰它自己了。

实在难以想象他会不再需要我了。

或许，这些痛苦不过是我想象的结果，它激起了些许具体的形象，并夸大了我的感受？然而，当我读到“我要结婚了”时，无须有任何影像出现在我脑际，我便已经痛苦万分了，我只感觉到痛，除此之外，没有其他的想法。

您跟我谈到了您所谓的更纯洁的“友谊”，这是很自然的，既然它已经摆脱了欲望、妒忌和期待。总应该给出一些交代吧；于是，人们会想到友谊，“爱情的这一更高尚的姐妹”，而人们赠它予人，是试图显示，这要比人们之前给予你而现在又给予另一人的那种爱更好。

您表现得相当有说服力；此外，人们从来就不会像您现在这样具有如此强的说服力，毕竟，只有处在您如今这样的处境中，才会有这么强的说服力。首先必须说服自己，那就得找到巧妙的理由，找到一种具有最佳效果的热烈语调。而当人完成了他的这一番演示后，他会觉得如此高兴，因为他毕竟已经成功地完成了某一件事，而假如说，他所面对的那个人还没有被说服，那只是因为她的性格也实在太糟糕了。

您可知道什么是友谊吗？您认为这是一种更为温暾的情感吗？它仅仅满足于施舍退而求其次的残羹剩饭，给予作为不得已补偿的小恩小惠吗？友谊，我认为，它属于一种更为强烈、更为排他的爱……只不过，它并不那么“喧闹”而已。友谊包容了妒忌、期待和欲望……

您曾是我的朋友，您曾想娶我为妻，而这应该付出了很多的爱吧。

而在我到疗养院之后没几天收到您的第一封信中，您这样写道：“我知道，现在您病得很重。但是，这肯定不是因为出于对另外一个人的执着和忠诚，您才得的这个病。”如此说来，他并不亏欠我什么，因为，这世界上的任何友谊的规则，包括您的友谊的规则，就是：“你得付出，他才付出，来而不往非礼也。” 我会常常提出要求，并非一直在付出：看来，您这方面对我产生疏远的根源就在我自己身上，我不应该到别处去找原因。

您给我写过一些充满爱意的信，也写过一些充满嫉妒的信；您曾经整整一个晚上都很不开心，只因为有一个朋友在我们之间逗留的时间实在太长了，您最近的那封信里还说到了这种您都无法消除的痛苦。随后，您就写道：“我要结婚了……我们的友谊永存……”我且不说您是在给我演一出喜剧，只是，您早已不再爱我。

您把我称为“我的大宝贝”；我应该是那个知晓

一切的人，而您应该是那个聆听一切的人。但是，您什么都没有说。请不要对我说，这是我的错，我本应该主动来问您的。朋友不需要等到被人质问时才来倾诉心声。

我们的友谊在未来将是一件十分美妙的事；我们将在旅行时互相寄送明信片，在过年时互相寄赠巧克力。我们将会互相拜访；我们在各自的领域取得成就时会告知对方，以求稍稍地刺激一下对方，并避免在失败的时候遭遇怜悯；我们将声称我们是自己理想的样子，而非现实中的样子；我们会互相说很多很多的“谢谢”“抱歉”，以及种种连想都不想一下就匆匆挂到嘴边的客套话。我们将成为朋友。您认为这有必要吗?

一九三〇年十二月十四日

有一些浪漫歌曲，开头就会像您的信所写的那样唱的："我是那么地爱过您……"当句子的过去时依然回响在耳边，但这种过去时态却忧伤得恰如节庆日的尾声，那时候，灯火阑珊，我独自一人留下，望着一对对恋人离去的背影，见他们悄然消失在昏暗的街上。已经结束了：我再没有什么可等待的了，然而，明明心里很清楚什么也不会回来，却依然无休止地滞留在原地。您信中的字句好似吉他的一个个音符，几乎可说是在不时地反复吟唱一段副歌："我不能给您幸福。”这是一曲陈年老歌，就像是一朵早已枯萎了的花……往昔那么快就成为遥远的回忆了吗？

幸福？这是一个悲歌中的词。您，您把它拟人化了，您辨认它，定义了它。而我们真的能像您一样探讨它吗？

当我们喜欢一种香味时，我们便会寻求将它留住，把它重新找回；我们并不会让自己彻底陶醉其中，为的是能够分析它，渐渐地沉浸其中，直到仅仅凭借回忆就能对它有一种生理反应；当这香味再次出现时，我们便能更缓慢、更温柔地呼吸它，来感受它那些最细微的气息。猛地大口吸入一股香气，会让我们头晕目眩，但它会给我们留下一种不完全的、未完成的刺激感。那或者是一种令人很不舒服的窒息感，让我们只想早早摆脱，以求能够通畅地呼吸，又或者，那是一种过早结束的突然迷醉，因为，只有神经质的生命体被触及。能被彻底震撼到对一切都一无所知，这实在是一种幸福。但是，仍然还有意识深处的小小一隅始终很清醒，明白发生了什么，而且，正因为整个人还清楚地知晓，这小小的一隅便允许任何一个有智慧、有理性的人都能每分每秒获得某种幸福，能有这意识深处的小小一隅，能慢慢地赏析快乐的逐渐进展，并一直追随它到幸福的终点，这难道不是一种幸福吗？还留有未被震动的小小一隅，但是这小小的一隅成了我们所感到的快乐的见证。正是它，不仅记得，并且还能说出：我曾是幸福的，而且我知道那是为什么。我很愿意一时冲动，头脑发热，但是，我又愿意把握住我一时冲动头脑发热的那一刻，把认知推向已然退位的意识的最远点。我们不应该在自己的幸福中缺席。

我的内心这一隅评判了您，衡量了您；而通过对您的这一番评判，这一番衡量，我看到了您的弱点，您的缺陷；假如我留下来，接受这些缺陷，甚至还喜欢上它们，又有什么关系呢？哦！男人，你总想得到他人的赞赏和仰慕。而你，并不评判，也不衡量你所爱的女人。你就在那里，拥有了她；你抓住了属于你的幸福，而她似乎不再属于她自己，丧失了理智：而你感到幸福。她向你喊“我爱你”时，你感到心满意足。你不再粗鲁，温柔地对她说话，为她担忧。你用轻柔的话语安慰她，哄她入眠。但是，你不去评判她，因为你要求她因为你而感到幸福，并且要求她对你说她因为你而感到幸福。但是，假如你发现有一双眼睛在凝视着你，然后又对着你微笑，那么，你又会有些反感。你仿佛觉得，有人“看到”你了，而你却并不愿意被人看到：你只愿意独立“存在”着。于是，你就会带着不安，问道：“你在想什么？”

我在想着你。你有着一种发自喉咙的低笑，你露出我不喜欢的牙齿。你会微微地眯缝起眼睛，仿佛想要钻入对话者的头脑之中，向他显示出，你早已把他的心思看得透透的。你的双唇微微翘起，让发黑的牙齿暴露无遗，而你整个脑袋在明显地向前探去。当你要阐述一个你刚刚发现的高明理论时，或者，当你好不容易找到一个办法，可以把人们认为的一个漂亮想法贬低为一种低级情感时，你便会显出这样的一副模样。你看上去很像一个不甘心令人任意摆布的小商贩。当你摆出这副模样时，我感到实在有些尴尬：你在贬低你自己，你在走向渺小。但是，我不应该让别的人发现你的这一小小毛病，并且把这小小毛病指出来：如果那样的话，我就会是很恶毒的人。有时候，在你声称外行无知的那些领域中，你也会做出一些奇怪的判断。你会贬低一幅绘画，一部音乐作品，一首诗，你会这样说："这很容易的。"你似乎是想借此来恢复你稳定的地位，毕竟，一时间里，它被某种比你更强大的东西动摇了，而你是如此地害怕附庸风雅，以至于你竟会否认你曾感受到的美。

我知道这一点，我很不喜欢你那样做。但是，假如有人含沙射影地怀疑你的品位以及你的智力，我则会给予严厉的回击，就仿佛他们是在侮辱我自己。你有那么一点儿妄自尊大，你会往镜子中的自己偷偷地瞥去志满意得的一眼，你会在从一个女人身边走过时故意挺直了身子，你会假装一副漫不经心的神态，死死地盯住她瞧；假如她朝你投来一瞥，那肯定是她觉得你很不错；假如有人对你谈到了一个女人，你就会打断他的话，并且问道："她漂亮吗？"你让我觉得很有趣，我真想露出一丝嘲讽的微笑来。但是，谁都不能说你是一个"大花痴"；你的弱点只能属于我。我通过不间断地检验你，一点一点地发现了它们。我为你有这些小毛病而痛苦不已，但是，我并不期望你有所改变。有时候，我会微笑着对你说起这些。我并不打算冒犯你，也并不想给你提出什么建议。我只想让你明白我都知道些什么；我倒是希望，你与其尝试着拼命掩饰你的本来面目，还真不如坦坦荡荡地向我展现出你所有这些小小的丑态来。我反倒会喜欢它们，因为那样一来，它们就是属于我一个人的。其他人就不会知道它们，而正是这样，我们将在人群之外独自会合在一起。再也没有什么比弱点与缺陷更诱人：正是通过它们，人们才能抵达所爱之人的灵魂深处，而灵魂，往往会想表现得与众人一致而持续地掩藏自己。这就像是一张脸那样。其他人往往只能看到一张脸；但是在我们内心中，我们清清楚楚地知道，随着时间的推移，再优美的鼻梁曲线，慢慢地也会变成一个再普通不过的鼻子；我们会察觉，皮肤的暗淡与粗糙；我们会发现，眼中的小小斑点会让目光不时地暗淡下来；而嘴唇，则会因为厚了小小的一毫米而平平无奇。这些小小的不缺陷，相较于那些完美无缺的脸来，反倒更让我想亲吻，因为它们是那么可怜，因为它们让你只是你。

别再抱怨我对你的评判与衡量了，我不会因为了解你更多，就少爱你一点。得不到幸福的人不是我，而是您。您本该把您信里的那句话改动一下，这样写道："您很清楚，您是不可能给我幸福的，因为，即便是在我们俩相处最密切的那一刻，您也始终为您自己保留着您的一隅……它毫不动摇……它在评判着我。"

此外，我所评判的，究竟是您还是我自己呢？您清楚地知道，我一直在观察着自己的生活，我嘲笑着自己，我在贬低着自己，我在笑话我自己的那些冲动和热情，我剥夺了我对我自己的整个信任。同样，我对您也没有信任。我对此并不确定，尽管我拥有您的爱。您有许多女性朋友，我并不责怪您；我倒是更希望能听您对我谈谈她们，以便知道是什么在吸引您亲近她们，同时疏远我。但是，您却很少对我说到这些。我想，您是不爱我了，而我又不敢问您，即便我那么地渴望知晓答案。我会那么焦虑不安，只因一道目光、一个词语、一阵沉默……但是，我会说：“您是自由的。”因为我不希望一个人是被逼无奈才留下来的，而我实际上很渴望他能留下来。不过，我心里非常明白，他已经不再爱我了，而我再怎么努力地抗议与挽留，也都是愚蠢之举。这一努力会是如此徒劳，会让我因为一丝丝的抗拒念头而嘲笑我自己：“你，还会嫉妒？哦，不！那可不是对的！什么都别说了。你将得到的，或许是一丝微笑，几句无关痛痒的宽慰话……他毕竟还是会很快离开的，但不会更快了……如此说来：您是自由的。”

我尝试着在您之外寻求一个小小的支撑，以便到了您不再爱我的那一天还能够有所依靠。这小小的支撑，不是另外一个人，不是一个梦幻，也不是一个幻象。它就是您所谓的我的自私和骄傲；在痛苦中，我希望能够重新找到的，正是我自己。我希望能够把我紧紧地粘牢在我自己之上，独自与我的苦痛、我的怀疑、我的信任厮守在一起。在悲伤中，恰恰是因为我感觉到自己，才能有继续下去的力量。即便一切都变了，一切都让我痛苦不已，我还是我自己。若是要让我彻底迷惘，就必须让我确信，我已经不再需要我自己了。

您给我描绘您未婚妻的段落，句子的节奏则随着您情感的进展而起伏不已；句子缓缓地拉长，然后，渐渐地倾斜下来，直至悠然坠落，最终，毫无声息地停止，仿佛再也没有了足够的力量走得更远：它就留在了那里，永远停息，就如同您在那里，在“它”（她）身边[1]。

1 “它”在原文中为大写的“Elle”，也可以理解为“她”，既指句子，也指新娘。

我要是足够自负，就会相信您还爱着我，而只是出于责任，不忍去伤害一个信任您的年轻姑娘，您才离开了我，准备娶她。但是，您尽管放心好了，我没有丝毫的自负；我只不过是嘲笑了您的几个用词而已：“迫不得已”“生怕让她失望”。我同时还想到，假如我是您的未婚妻，假如我读到了这句话，我一定会很伤心的。我并不希望我的未婚夫是为了不让我失望，不向我展示他本来的面目，才来娶我的。这样半为谎言的措辞作为一种婚姻结合的基础，于我实在是一种冒犯；我觉得，与其如此，我更愿意独自一人走开。但是，这些只是我的想法而已。再说，您的未婚妻并没有读到过这个句子，她不知道“您是什么样的人”。而假如她知道了的话，她也很有可能因为这一份对她的爱的敬意而感到幸福。一个恋爱中的女子，难道不会因那个男人为回报她全部的爱而娶她为妻感到欢欣吗？您因她给予你的幸福而感到的模糊又欢愉的感激，因为那幸福是您不配得到的，而且您也不可能把它归还给她。所有这一切，带有那么一点点迷信的意味，让我不禁有些“咬牙切齿”；我也说不上这是为什么，反正，您所说的话，就是那些爱着别人同时又被别人所爱的人的一首歌曲，永远那么愚不可及，同时又是那样真实。我这不是在挖苦您。在这个句子中，在这些词语背后，您想说的就是，您正在恋爱之中，您正在爱着一个跟我不一样的女人，您爱上了她身上所有跟我截然相反的地方，而且，您爱上她已经很久了，却从来没有想过要告诉我。

去年，在乡下，您到达之后的第二天，我们一起爬上了半山腰；我们坐在高高的干草垛上，远眺着平原，我紧紧地依偎在您的怀中。我小心翼翼地跟您提起了您的女性朋友：您并没有回答我。我坚持追问您，于是，您便用略带生硬的语气对我说，这是您身上我不喜欢的一面，您不愿意向我展现出来。您的目光转向了远处；您的手那么一动，做出了一个不被理解的手势；随后，您就那么看着我，眼神中透出一种高高在上的傲气，一种什么都不想说的神态。您转移了话题。我则缄口不语；一层阴影蒙在了我跟您久别重逢的喜悦之上。六个月以来，我就一直病着，远离着您。您并没有把我忘记，但是，某个人的存在，让您在看我的时候变得不同了。您对我处处指责，指责我的性格、我的趣味……您总是袒护我并不喜欢的东西：我隐隐约约地感到，您在想着一个跟我截然相反的人，您在一刻不停地把我们做着比较。您对我已经有了成见；而在我的话语中，在我的行为中，您总是有意无意地验证着跟这些成见相关的痕迹。您把一些乱七八糟的东西全安到我的头上，一些卑劣的情感、一种可怕的自私自利、种种苛刻的要求……而我放弃了跟您争辩，我不再对您说是您弄错了，因为，您总是拥有那种人的自信，他们总是在说“那不是真的”，他们总是发出那样的一阵阵笑声，让人停止任何的抗议，因为人们感到，没有什么能动摇得了“他的真理”。您已经赞同了您早先觉得愚蠢的想法，您已经埋葬了您内心的真实想法。简直可以说，您想在内心深处抹杀我的存在。我很痛苦；您对我的指责和称赞，全都无所谓了：您不再像原来那样看我了；而我，我也只能哭泣着看着自己的毁灭。

您对我解释过，您是如何感激一个“既无条件又无要求”的女人的爱。

假如您特别想整整一天都往水中吐唾沫，在水面上激起一圈圈涟漪，那么，您所爱的女子就应该整整一天待在那里，什么话都不说，只是看着您往水中激起一圈圈涟漪，她也会感到幸福，因为这一关注会让您愉悦。而假如，每一天您都想在水中激起一圈圈涟漪，那么，这个女子，就应该每天都陪您待在那里，看着您那样做。您还补了一句说，我是不会那样陪您待在那里的。我不得不承认，我确实是不会那样做的。首先，我会尝试着睡上一小觉，或者自己找点儿什么事来做一做；而假如无法那样做的话，我就会情不自禁地告诉您，您这样做其实很傻，您还不如来亲吻我呢。然后，我兴许会来到您身边，同样也往水中激起一圈圈涟漪，为的是模仿您所做的事，我会发明出新的游戏，跟您比一比谁能激起一圈圈最大的涟漪或者一圈圈最小的涟漪。换了您，您难道真的就会一整天陪在我身边，看着我吐唾沫，往水中激起一圈圈涟漪吗？

有一次，在科西嘉岛，我在密密的丛林中漫步很久之后，来到了一段敞亮的小路上。我拉着缰绳牵着马；俯身至马头的下方，而我的身影依稀出现在两棵野草莓树之间：我把几朵玫瑰色的牡丹花抱在胸前。我真的很希望您也能在那里，那样的话，您也就能闻到丛林中植物的清香了；您就会理解我有时候对荒野产生的爱了；您就会跟我一样单纯而又野性十足了，而我们也就会彼此相爱了。但我只是紧紧地抱住了我的马，折断了胸前的牡丹花。没有任何人来爱我所爱。

在威尼斯，晚上，贡多拉轻舟荡漾在散发恶臭味的运河上，《我的太阳》的嘶哑歌声在三色的灯笼下远远飘散，就在那些死气沉沉、忧伤无比的宫殿附近，我为自己孤独一人而哭泣，我深深地知道，您是不愿意跟我一起沉湎于这一病态的魅力中的。

在高高的群山之巅，当我如在梦境中一般悠然滑下白雪皑皑的缓坡时，我想要把那个美妙的幻象留在我的心中，为的是，当我回到您的身边时，我能够让您也看到这一美景；我百般寻找热情洋溢的词语，想让您也能品味我的喜悦，并激起您与我同行的欲望。但是，很快地，您就不再倾听我了，您换上了一副阴郁的神情。

我曾想到要带您去看舞蹈表演，去听独一无二的音乐会。我调动自己的全部热情，一心想让您开心，一旦您也会因此而感动，我便会感到加倍的幸福。但是，您却固执地不愿意陪我，而且，您不愿意再来看我了。

无论我走到什么地方，您一直都在我心里。您是我种种感情的前提。而一旦您不在那里，它们也就充满了悲伤。我尝试着将它们的所有细节全都保存下来，只为能把它们原封不动地全都带给您。您难道从来就没有感受到我试图让您亲身体验这一切而付出的激情吗？我想过把您永远留在我的心中，让您感受到我心中之感受，让您不错过我的一丝一毫，让我在您不在身边的时候便身心一片空白：我眼中太阳的微光，一段舞蹈中的身体姿态……而假如我心花怒放时，您并不在场，我便会焦躁不安。成功便会让我感到满足，因为我可以告知您，与您分享；厌烦则会变得不再沉重，因为我可以向您倾诉，与您分担。我一直愿意做更多的事，始终做得更多，以求给您带来我不断增长的财富。

还有，在晚上，在我总是匆匆走过，在什么都看不到的巴黎街道上，我尝试过去爱上您所爱的那些东西。我伸出手，腼腆地挽住您的胳膊，就像大街上所有的情侣那样，我奇怪地像您一样感到，我爱上了迷雾的气味、人群间的摩肩接踵、小小轻浮女郎的躁动。在昏暗的街道上，向来讨厌在任何公共场合表露情感的我，曾以一种愉悦的心情——一种被禁忌的愉悦——回报了您那不太“令人舒服”却又很甜美的亲吻，因为您喜欢它们。在夏季那些炎热的午后，在我那小小房间的长沙发上，我们曾经吟唱一首首浪漫情歌，那都是十年前的舞曲啦；歌词写得很愚蠢，而我又不怎么伤感；但是，在您的身边，在您这个心灵比起我来更为“多愁善感”[1]的人身边，我任由自己被这曲调的简单旋律所带动，要知道，有多少人的心儿就是被那充满人类柔情的粗鲁歌曲打动和俘获的。一曲《梦的探戈，爱的探戈》让我与您靠得更近……我真的很愿意读您曾读过的、见您曾见过的一切。但是，您只是匆匆地跟我说了只言片语，就仿佛那一切都和我毫无关联。

只要有人在我身边谈起爱情，我就会想起您的爱来，我就会微微一笑；只要有人说到了“男人”，说到了他们对“女人”造成的痛苦，我依然还会微微一笑，因为我想到，您并不属于这些“男人”。

但是，这不是在爱您，因为，我依然还想再充实我自己，因为我并不想毁了自己，不愿变成一个只会

1 “多愁善感”的原文为“petite fleur bleue”，原意是“小蓝花”。

唯唯诺诺地服从男人的附庸，我不愿意停滞成长，而只是沉湎于对所爱男人幼稚的盲目仰慕中，毫无主见地任其摆布。

男人身上有一点非常奇怪，在他想到要跟他爱慕已久的女人结婚的时候，往往就会被社会的和道德的原则所困扰。他爱这个女人是因为她坚强、独立、富有主见；如果他想娶她，那么，他本能中的控制欲与自尊心，以及他对“人们又会说什么”的考虑，就会把她这一坚强的力量看成叛逆，把独立自主看成高傲自大与坏脾气，而把个人主见看成自私自利与苛刻的强求。他会刻意指出，生活就是由一些细碎的日常琐事组成的，对待它们，我们必须屈膝服从，为了它们，我们必须养成一种甘趋平庸的“心态”。而在男女交往中，事先就明确一下各自的角色，则是再好不过的事情了，因为，谈婚论嫁毕竟已经不再是过家家一般的儿戏。一个男人，在他妻子的眼中，应该得到尊重与爱慕；他会用一种温柔的语调说，不应该去这里，或者，不应该去那里，必须这样做，而不能那样做，因为所有人全都习惯这样做；妻子则会回答说，“是的，我亲爱的”；而当她跟她的闺密好友在一起时，人们则会听到她把自己的嗓音加入千篇一律的合唱曲中去，听她们在那里骄傲地反复说出这样的词语：“我的丈夫。”她会带着一种充满骄傲的心态，欣喜若狂地说出这个词来，惊讶于她自己如今竟然也跻身于精英阶层之列，可以有资格说：“我的丈夫。”每个女人都会争先恐后地竞相鼓吹自己“丈夫”所做的事，显摆自己“丈夫”所说的话；自己“丈夫”的所有温柔关怀或者殷切责备，全都被拿来夸张地展现给人看，仿佛那就是祭献仪式上专门被带来给这年轻女人的稀世珍宝。对每个提出的问题，或者涉及的话题，人们确信会从她们的嘴里听到“我会问一下我丈夫的意见”，或者“我丈夫对我说过……”就在我写下这几行字时，我就听到我房间外露台附近的那个露台上，有一群年轻而又漂亮的女子正在热烈而又愉快地争论着什么。我听不懂她们在说些什么；但是，我能清清楚楚地分辨出“我丈夫”的音节，恰如分辨出一段不断反复出现的副歌；当我在散步途中或者在午餐时碰上她们，假如我很偶然地听到她们谈话中的几个词语，那么，这几个词永远都会是“我丈夫”。女人难道真的必须变成这个样子，真的必须带着丈夫的想法来思考吗？我也许会让人对我付之一笑，会让人认为，是怨恨气恼才让我说出讽刺话来的。然而，我真的非常讨厌所有那些三句话不离自己丈夫的女人！

您信件中的很多词句激起了我心中所有那些“女性主义”的思想。还有，您是故意假装不明白我为什么要您把我的照片归还给我吗？我并没有那么地妄自尊大，认为那些照片会让您思念我，而且这种思念还会在您的新生活中构成一种尴尬：每一天的新生活都将会很快地磨损掉那些往昔老物件的生命力。同样，我也不想做出恋人们分手时通常会做的传统举动。我会把所有那些往昔的老物件都留给您，因为它们对我已不再有什么意义，不再重要了。只不过，我想到了您的妻子。如若您没有跟她谈到过我，那么，这一点我是理解的；但是，那样一来，您也不应该把我的任何东西留在您那里——那将会是一个令人尴尬的秘密，她有可能发现它的。假如您跟她说起了我，那么，当我想到，您跟她说到我时的口气，兴许就是您跟我说到您曾爱过的其他女人时的那种口气，我就会感到某种别扭。您曾经跟我说到过其中的一位，您跟我解释了您跟她分手的原因："我实在是受够了。"您的眼神变得冷酷；您采用了一种嘶哑的、干涩的嗓音，它来自喉咙深处，而您的目光在很长一段时间里始终凝视着远方。这是一种不必上诉的理由；这就好像，当人们离开餐桌的那一刻，当人们酒足饭饱的时候，人们往往会这样说：真不应该固执地坚持下去。

短短几秒钟之后，您就在那里久久地揉了一阵眼睛，然后，您从心底里叹息了一声，补充说：“她结婚了，我真诚地祝愿她尽可能幸福美满。”我不知道人们何以会如此在意与一个朋友分手时，谈论您当时如何的话语。[1]是出于一种骄傲的心理吗？人们都希望自己不被人看作跟其他人一样。因此，此时此刻，我更希望可以对我自己说，您将永远都不谈到我。但是，我有一些照片在您那里，您的妻子可能会找到它们。您将会对我说，您会对这一发现给她带来的痛苦“负责”的。我真的不希望您会来对此“负责”。隐藏在我内心深处的某种女性自尊心一下子就被触痛了。我想象着您会如何安慰她：您会变得更为柔和，更为温存，更为体贴；您会用一阵阵的爱抚来让种种问题消失：您会想方设法“处理妥当”。您是不是能意识到，这一切对于我会是何等的羞辱，这里头会滋生出

1 这个句子中，作者故意使用了“我”（je）、“人们”（on）、“一个朋友”（un ami）和“您”（vous）四种不同的人称。

何等的仇恨？我可不愿意您会因为我的缘故而不得不去如此安慰另一个女人。

您为什么这么问我：“是不是存在着一个您生来为他而活着的男人？”人们会对一个女人说：“您生来就是为这一个男人而活的。”而人们却会对一个男人这样说：“这一个女人生来就是为您而存在的。”人们有没有见到过“您生来就是为这一个女人而活的”呢？男人就是这样的：一切似乎都是为他而设…… 在这世界上的某个地方，甚至有一个专为他而量身定做的女人，他们俩的结合甚至在他诞生之前就预先规定好了的。这样的一句话——“您生来就是为此而活的”——包含了一种顺从而又屈服的态度，而一个女人的幸福就将取决于此。多么奇怪的事情啊：女人是为男人而生的，而幸福则将属于她。男人就不能够有幸福了吗，或者，男人的幸福就在于感觉到为他而生的那个女人温顺的柔美吗？当一个男人抚摩一只漂亮的暹罗猫时，他是不是就在寻求知道这小猫儿清澈的眼睛在诉说着什么？或者，他在想，只是他的抚摩才能让这个小动物得到心灵的触动？

我觉得，缘分前世注定这样的想法是十分美妙的。我记得，好像有一个日本的传说故事，说的是，人在出生的时候，月老就会用一根红线把一个未来丈夫的腿跟他未来妻子的腿拴在一起。在人们成长的过程中，这根红线是看不见的，但是，被红线连接的两个人会互相寻觅，假如他们找到了对方，他们就能赢得人世间的幸福。也有人找不到对方的；那样一来，他们的生活就会不得安宁，他们就会悲伤一生。对于他们，幸福就只有等到来世才能盼到：那时候，他们才会找到由一根红线与之相牵的人。我不知道，在这个世界上，我是不是还能找到联系着我跟他的那根红线；我认为，这个传说故事，如同所有的传说故事一样，是一种充满诗情画意的安慰。让一个人为他而生的那个人，难道不就是我们愿意接受自己是为他而生的那一个人吗？而对我来说，那个人，曾经或许就是您。

在您的信中，我持久地感受到您的一种企图，您总是试图遮掩那简单而唯一的事实，您把它隐藏在种种的词语论证、种种的谦卑、种种的托词之下……几乎总是这样，它们实在有些好笑。

“您兴许有道理，我知道……但是，假如您说得没有道理，谁知道究竟会发生什么呢？”

您的第一句话就是这样结尾的。我情不自禁地想到了这样一句众所周知的老话：“假如所有人都如此作为，那又会发生什么事啊！”这是一句人们实在不知道该说些什么的时候常常会说的话；就如同，与此同时，人们会稍稍抬起眼睛望着天空，想让老天来作证，人们会装作一副悠然自得的神态，仿佛带来了一个极具价值的论据。假如，我当时没有缺乏安全感的话，那么，或者，到后来我最终还是会有安全感的……又或者，事情还是会按照先前的样子继续下去：我还是会没有安全感，那么，您就还会继续爱着我……

为什么您是一种如此谦卑的姿态？“我知道，我给您写的这一切，在您看来会是充满矛盾的……站不住脚的。”

在您刚刚对我表露的种种情感中，我无法找到哪怕是一丝矛盾的地方。但是，您就是这样的一个人，意识到自己论据不足的时候（而在之前，您所说的一切都是那么清晰，那么确定，那么不容置辩），就会俯身转向您的对话者，直瞪瞪地凝视着对方，求助于一些高尚的情感，并承认自己缺乏逻辑，以求换取对方对您的认可。之后，您将会让事情重新回到正轨上来，认定自己完全合乎逻辑。此外，还请您注意一下，在这一外表底下，您所指责的毫无逻辑的人恰恰就是我。兴许，我该是被一种怪异的推理意义所累，才会在您尽情地倾诉情感时无法理解，才会试图大谈特谈我的“想法”。兴许，只有等到看到“友谊”这一词语时，我才会停下来，微笑着证实，如今，您是多么频繁地对我使用着这个词啊。以前，每当我腼腆地说到“友谊”一词的时候，您总是十分激动地回应我以“爱情”。而今天，假如我稍稍表露出我的爱意来，您则会显出惊讶的神情，对我说，“请不要对我现在的情感有片刻的怀疑”。

如此的一句话——“我没有片刻的怀疑”——赋予了人们想要的一切，因为它预先就让人看到，这已经不再有什么重要性了，接下来的词语总会是：“但是……我很遗憾……”坚定不移地处在一个决定之中……或者，在一个推理之中，人们可以满怀力量地坚信，“我没有片刻的怀疑……”您在往昔中寻找一句话，一句我对您说过的似乎表示不再爱您的话：“您总是对我说，您对我的爱是因为我有宝宝的一部分[1]，而您也没有对我隐瞒过，这个宝宝已经消失了。” 而您拿这个句子作为挡箭牌，为自己辩护，却刻意地不再回忆起，您当年并不接受它。如今，您不无欢欣地接受了它，因为它能允许您躲避对您变心的指责。而我，我只能反过来这样对您说：“您常常对我说，您会等我的……您从未对我说过，您不再等我了。”

---

1 “宝宝”的法语原文为“Bébé”，应该是人们（其中也包括本书作者）对“他”（她曾爱过的那一位）的爱称，详见下文的描写。

懂得如此全身而退，实在是一门艺术；您的这一句“……您没有对我隐瞒”，跟另一句“我没有片刻的怀疑”，搭配得实在是恰到好处：我仿佛看到了一个精明的小商贩，轻而易举就推掉了一桩他不愿再做的生意。

“宝宝”是一个年轻男子，小小的个子，面色苍白，总穿着一身黑衣黑裤。他漂亮的头发闪耀着蓝色的光芒，厚厚的眼镜片后面，一双褐色的小眼睛透出坚定的目光。它们想表现得桀骜不驯：实际上却腼腆羞涩，似乎是在委身投靠。宝宝显得并不属于任何一个“社会圈子”。人们简直会说，他是早早地就拒任何团体于家门之外。他拥有很多的体系与理论；但是，它们全都一个接一个地迅速创造出来，又一个接一个地迅速消失：仿佛他从来就不曾有过它们似的。他保留了所有的成见；但似乎并不赋予它们以任何价值：他之所以留着它们，完全是为了更好地理解那些依然还在遵守成见的人，还有那些已经挣脱了成见的人。

当时，他并不认识我，也不认识我的任何朋友：我在他心中的画像没有任何一幅是我必须恭恭敬敬地认可的；而由于他并不属于一个“社会圈子”，他的心里也没有一幅典型的女人画像，能让我的画像得以与之形成鲜明的对比。当初，我立马就产生了强烈的渴望，要对他说一说我自己。一直以来，我就在寻找那样的一个人，可以在他面前公开我所有图像的影片胶卷。任何一个人不是都体验到自身的这一弱点了吗？我对我自己茕茕独语，但是，这一独白的苦修，有时候实在让我感觉疲惫；假如能有一个心心相印者，能够倾听我、同情我、认可我，那么心境可就会轻松多了；那样，人们就会赢得重要性；人们所说的事情也会变得更为明确，可以触摸到，从而构成人人得以在其中扮演一个角色的幻想的小说世界。人们会尊重纯粹的真实到何等地步？然后，那些小小的幻想小说就会把自己的痛苦渐渐排空：痛苦便会凝结起来，成为灵魂之外的一种实体。时不时地，我也需要这样的一种轻松。我会自我僵硬起来，以求保留我的完整性；但是，为了消除我的疑惑，我在想，在讲述了我的生平之后，我最好还是能摆脱掉它插曲故事的特点：它就会向我显现出它的冲动来。我需要一个可替代者。

身着黑衣黑裤、目光真诚的年轻男子令我愉悦；我叫他“宝宝”，我天天都跟他说个没完。我事无巨细地对他讲述我的每一分钟，从此，即便他不在场，我也会悄悄地低声对他倾诉不已。每件事情，也只有在我向他诉说之后，才真正地具有了价值与滋味：这并不是说，我把他当作了向导，我是说，他就是我的出发点，我正是从这一点出发，去行动和反应的。我爱他，就像爱我自己一般。我无比地渴望疼爱他；他对我来说实在太宝贵，我生怕会失去他。

但是，有一天，我感觉宝宝已经不在那里了。他不再穿着他的那身黑衣黑裤了；他进入了一个“圈子”中，他不再理解置身其外的人了。哪怕只是稍稍被激怒，他就会发出“嗨哟嗨哟”的叫嚷声，像是猎人召唤猎犬去追捕猎物；而他的人生观，从此就固定下来，那便是用活得平庸，来变得幸福。他不愿意再追随我了。我的那些故事只会让他不屑地耸一耸肩膀。宝宝已经死去，而我所爱的人正是宝宝。但是，存留下来的那个人跟他是如此相似，以至于幻象始终还存在于我的心中，让我不想放弃。人们是不会因为自己的爱人骤然消失，就跟他瞬间彻底分离的。人们会追逐他的影象，他的回忆；人们总希望是自己搞错了；我想，他并没有死去吧，当我有所好转之后，他应该还会回来的。他又怎么会抛弃我曾对他说过的那一切呢？

您曾觉得我的影响是“恶劣的”。今天，您再次提起了这一影响，却发现它是我们友谊的一个凭证。为什么？我给您讲过的那些故事，我对您施加过的影响，这些都已不复存在了。我们已经改变了两个生命的调性……而让我感觉痛苦的，并不是一段爱情的死亡，是我们互相创造的一个真正活生生的见证物的消逝，兴许，它还是我独自一个人创造出来的呢……这一见证物就是您和我的一种结合，您和我，就像我们彼此愿意的那个样子。那是我需要您成为的那个您；不是一个如您所声称的对我个人的仰慕者，而是一个真正爱着我的男人；他，因为这一爱情，对源自我的一切全都充满兴趣；在他面前，我可以保留我所有的缺陷，还有所有的优点；我可以任由我自己陷于混乱……在这一诗意满满、意料之外的混乱中，所有的本能全都化成了话语与呐喊，以确保我们的心灵能重新找到方向，继续前进。我想象，这种种的放任自流，没有任何事会动摇您的爱情，您的信仰。

然后，在这个创造出来的见证物中，有着我这个在您眼中的神秘女子。我不知道您在我身边时有怎样的感受：幸福、欢乐、焦虑、厌烦……有那么多的问题！我都没有答案。某些时候，我以为自己是不可或缺的；而另一些时候，我又认为自己只是您生命中意外的插曲而已。某些时刻，我满怀信心，还有某些时刻，我满心忧伤。我最好还是不知道我在您心中的形象，就如同您最好还是不知道您在我心中的形象。只要我们一直保持着因为不知道各自在对方心中是什么形象而造成的焦虑不安，那么，我们彼此之间的吸引力或许就能一直持续下去。是谁破坏了这一魅力呢？我们以为看到了我们在对方心中的固定形象，我们也定型了对方在我们心中的形象。是不是因为这个，我们才彼此分离？

哦！请不要以为我把您看成了一种“迫不得已的选择”。您再怎么努力卑微，把自己当作“客体”，那根本毫无意义。我会情不自禁地想到，您这么说是出于虚假的谦恭。几个月之前，您还相信您就要成为赢得我欢心的人。您知道，我这个人，本性就不爱屈从；有时候，表面上看，我似乎已经放弃，但实际上，我始终在琢磨着什么办法，来“扭转”这一放弃。我怎么就会出于屈从而同意跟您在一起？爱的折磨并不会迫使我寻找一种权宜之计；而假如我当真这样做了，我也看不出来，我想到的人为什么会是您；您的背离，假如我可以这样说的话，对我造成的伤害，恐怕并不像它显现的那样大：我说不定会再一次将就，去寻找另一个对象。尽管有时候您看似谦卑，您的心中难道不是依然保有一丝从不曾放弃的小小的自命不凡吗？

在我的冲动、我的选择中，您看到了一些我本没有的意图。我认为，我那恋爱手段的微不足道的成果证明了，我并没有经常问我自己是不是应该去爱。很有可能的情况是，您对于我真的就只是一种权宜之计，但是，我可不是这样看待您的。我开始感觉到，您在我心中占据了一个很特殊的位置。然而，您的聪明才智并没能让您更好地理解我，或许，您根本就不理解我；您的爱没有细腻的体现；您的忠诚并不具有闪亮的光芒；您身上的一切或许都是那么庸常。但是，我还是偏爱您的一切。为什么？

这一份偏爱，您把它仅仅归结为我因爱您而产生的趣味；而我对您的吸引力，则出于您要征服我的欲望。

然而，以前您的爱就是“将我彻底征服”的这一欲望，以及它与另一些更空泛的情感的结合，如忠诚、关爱、难以抑制的思念等情感。简言之，它跟所有那些情感混杂、掺和在一起，构成了人们所说的爱情。而现在，这一爱情则由一个小小的因素构成，这因素细小无比，最不可能具有任何创作力的：“征服的欲望”，您向它吹了一口气，让它以它的空无填满一切。爱，对于一方，是征服，而对于另一方，则是屈从……其余的一切，则似乎接受了友谊、关爱、忠诚……这些模模糊糊的名称。我到底是应该怀疑爱情，还是应该怀疑您呢？幸亏，实际上，我们之间并不是只有这些；我们还有别的东西，而这别的东西，我将它称之为爱情。

在您影射的那个伤心的十月，我被您以外的另一人对我造成的痛苦击垮了。在那么多品质优秀的人当中，我自发地选择的人恰恰是您，我请求您给予我力量，能让我去遗忘，去欢笑。我请求您倾听我谈到那另一个人；当您在我身边时，我总是恋恋不舍地想到他，我几乎就要抱怨您为什么不是他了。您那审慎的、固执的、公正无私的，甚至说是英勇的爱，战胜了我的顽固。既然您爱我爱到了如此地步，我也就不再能傻乎乎地说一切只剩下绝望了。

我有过很多甜蜜的柔情——这甜蜜的柔情似乎就是爱的甜蜜，能看到您爱着我，能待在您的身边。请不要仔细剖析这一段回忆：我在他的身上只能看到爱情。

说到我自己，我也不太清楚，究竟是哪一种情感驱使我跑到凡尔赛去看您：是爱情，还是哥儿们情谊？……是的，我叫不出任何名字来的，正是这种情感，它们给我带来了通常只在十分年轻的情侣身上才会看到的那些纷扰。那时候，我每星期只有一个白天在巴黎；而那个白天对我来说最重要的事，就是去看您。为了跟您在一起待上一刻钟，我会花费整个下午的时间，乘坐一辆出租车，前往您的“学院”。在见到您之前，我身心中的属音[1]便是过度激动；而当我离开您时，那就是一段期待之末的沮丧。我在中午十二点到下午一点之间看到您。我在十一点钟时会喝一点儿茶，到两点钟时会毫无胃口地去吃午餐，因为仿佛有一颗小球在我的喉咙里上来下去地滑动。出租车总是开得太慢，路上的一道道“障碍”令人疲倦；在圣克卢门，我永远都不知道该坐哪一辆有轨电车：我想赶第一趟；我跑向第一辆，然后又跑向另一辆……而每次我刚一转身，我之前离开的那一辆就开动了。当我怀着急不可待的心情时，我会提前一站就下车，而当我下定决心再更耐心地等一等时，我则会眼睁睁地让期待已久的那一站从我面前溜走。于是，我会心情焦虑地奔跑，生怕会迟到几分钟；然后，我会停住，因为我发现我居然提前了二十分钟。我想，我最后总

1 “属音”的原文为“note dominante”。这是一个音乐术语，在音乐中，属音是音阶的第五个音级。之所以被称为“属音”是因为它是由主音派生出来的。

会迟到。我给您带来巧克力糖果。我们安坐在一个昏暗的小客厅里，在两把很硬的椅子上。在大厅的角落中，总是有一个小个子的安南人[1]在忙着给地板打蜡。他从不发出任何声音……往往，我们会突然之间就发现他来到了我们的旁边。他让我们感到十分尴尬。他瞧着我们，傻傻的样子。他明白了什么吗？他转身走开了。我们继续紧挨着彼此，有些神经质地紧张，生怕会听到开门的声响。您不敢吻住我。我希望自己很漂亮，我特地选了会让您喜欢的衣裙。当我们走下楼梯时，您的同学们都看着我，纷纷朝您投去一道赞许的目光。我觉得很有趣。这很有些孩子气。您很高兴。

爱情，游戏，忠贞不渝的关爱……从那时候起，我对您从未中断过的情感，就是这一切。您为什

---

1 安南为越南的古名，“安南人”(Annamite)是旧时人们对越南人的一种称谓。

么还寻求“找回”它们来呢？您都已经见不到它们了，是因为您对我疏远了，那您应该再也看不到它们了。而现在，您心里已经又有了新的归属……但是，在别处，您要求我对您显露出我当初被爱时的样子，这样，不仅于您新的恋情毫无威胁，而且于您自己也毫无内疚。您再也不使用爱情这个词了：您嘴里说的那个词是友谊；但是，这个新的词依然包含了从前的内容；您索取的依然是爱情，只不过，这一爱情仅仅满足于它自身的存在，它只是善良与克己而已，再无其他。

只是，在一段相当长的时间里，您一直在要求我的心给予您一种圆满的爱，这爱，它会付出，也会苛求，既是精神之爱，也是肉体之爱……我似乎很难轻轻地弹一下手指头就一下子抹掉我曾有过、爱过、渴望过的这些倾向，这些欲望。您现在渴望的，就只有我的善良了；您认为，否定其他的一切，就足以让爱情全都不复存在了吗?

为了在您的眼中成为人们无怨无悔的记忆中那种高尚女子，我应该为您保留着这一爱情，并等您有了闲情逸致的时候，乐善好施地再来对我献上各种小小的殷勤。这些小小的殷勤，我本来大可要求别的人来为我献上，我本来大可不来求您，假如我的懒散闲逸没有让我来找您的话；实际上，这些小小殷勤是长期以来您对我表现出的忠诚的唯一标志。我犹豫再三，拿不准是否对您提这要求，有时，我还会后悔当初曾对您开口提起。如果我的请求会在某种程度上打扰到您日常习惯的作息安排，我便会体察到您的不悦，您的拒绝；而只有当您需要完成的事情与您的生活秩序毫不矛盾，甚至相得益彰的时候，您才会为我有此一举。现在，您应该更为迫切地想对我献殷勤，以证明你的友谊。我忘不了您说过的“假如机会出现……”这句话。但是，对我来说，这不是友谊的标志。友谊的标志只在于这样一个简单的事实：有那么一个人，我可以随时对他说出我的想法，而他则会像我一样感受到我的快乐或我的忧愁。我想我不会打扰他；我觉得自己甚至可以更自私一点儿。对一个朋友，我完全可以做到要求得很多，却永远不必担心会惹他不快。而这样的友谊，很久以来您就再也没有给过我了。

这就是为什么我将不会为您再保留“我心中的小小一隅”了。出于热恋中的人的天真，我曾经向您承诺，永远为您保留一丝真正的爱，即便有一天我爱上了别人。如今，要结婚的人不是我；在我心中，您依然占据着我整颗心；为了让我不再痛苦，您就得离开，以便有朝一日，您的名字在我耳边响起时，仿佛只是一缕细微的气息，激不起一丝涟漪，半片波澜。

我期望着自己能忘了您，因为我需要安宁；而您，您已然拥有了幸福；我的那一点点爱对您来说毫无意义。

是的，时间已经很晚了；我刚刚把灯熄灭，好让夜的清辉洒入我的房间。

在被单与皮草的拥裹下，我感觉很暖和，很柔软；窗户大敞着，开向二十华氏度[1]的寒冷。

室外白茫茫一片；万籁俱寂，一切都笼罩在沉闷

1 二十华氏度约这零下七摄氏度。

白雪的寂静中，似乎正等待着一个启示，而只要一想到它即将到来，人们的心就会跳得更为轻快。透过敞开的窗户，不断有一阵阵咳嗽声传来，将夜晚剁得粉碎；在一条条走廊里，另一些咳嗽声回响起来。一阵阵的咳嗽，永远都是咳嗽声，在冰冻的夜空中此起彼伏。其中，有着谁都不曾见过的那个年轻女人的咳嗽声：这一咳嗽声，整夜整夜地，不知疲倦地，毫无停歇地，如干燥的木头在开裂；人们还将听它听上多少天，才能等到它最终的熄灭呢？她的肉体还尚未疲竭，她还不会在这个夜晚就被晨曦的微光带走。而刚刚那个一边掩饰着嘴角的血，一边匆匆离开我们的男孩房间里，传来了一种深沉而又潮湿的咳嗽声：每一记逆嗝都会带出血来……到什么时候这血才能不流，能让人们轻松地长吐出一口气来呢？我隔壁房间的女病人发出了令人稍稍心安的细细的咳嗽声：看来，我可不是唯一一个需要夜间看护的人。说到我自己，我也轻轻地咳嗽几声，作为回应，以证实自己肺的状况。我会不会感觉到漏了风的风箱一样凹陷、空洞？或许，那是一记小小的撕裂声，让人以为是一块布被扯落下来？又或者，那是一种充分的共鸣，给人以一切都已修复好了的幻觉？黑夜中竟有这么多的咳嗽声！难道这是一首颂歌吗？它又将传向何方？

我孤单一人，但是今天并不格外孤单；兴许，还稍稍不那么孤单了呢。今天晚上，我知道一切都被打碎了，这几乎就是一种解脱了。我将能积极行动起来，而不被那令人消沉的希望纠缠住，不再想象一切还会恢复原先的样子。我愿意忘记一些东西，继续一路向前，不再朝您多看一眼。往昔想要死去。漫长的几个月以来，我也不知道是怎么回事，我一直在竭力斗争着，不让它死去。我死死地抓住它，抓住您……带着狂妄，带着忧伤，带着爱。我希望一切都永恒不变地继续下去……我每一天都在说：明天将会跟从前一样。这个“明天”却没有到来。直到昨天，我还在等待着它：而今天，我再也没有什么可等待的了。我本应该更为孤单才是啊；我为一种空洞而感到眩晕，因为一想到一个个空洞的日子即将来到，我这颗被剥夺了爱的心就感到无法支撑。您已经离我而去，但是，我却找回了我自己，比起过去我苦苦追寻您的那些日子来，我倒觉得我现在不那么孤独了。我重新做回了自己，我要继续努力地活下去。

我知道，“您的旧情谊”是公正无私的，有一天我或许会需要它。但是，我现在已经不再想到它了。请安心地留在幸福中吧，就别为我担忧了。今天晚上，您的精神世界无法听到冰冷的夜空中不断加重的咳嗽声。当您在巴黎遇到一场葬礼时，您会脱帽致敬；而在这里，我们遇到葬礼时却会把自己掩藏起来，从墓地旁边走过，我们几乎会迅速地扭过头去。也许明天，当我们试图欢笑与舞蹈时，我们将会远远地觉察到一个垂死之人发出的声响，而人们正在为他而哭泣。那一位即将死于跟我一样的疾病；人总是要死的，不是这一天，就是那一天，反正哪一天都一样，我又为什么能例外地躲过这一命运呢？我们聚集在世界的这小小一隅中，我们可以互相问道：“该轮到谁了？”在这里，在空虚的时日中，在我们每一个人都在为摆脱焦虑而进行的垂死搏斗中，我们都能够感觉到人类的整个悲惨境遇在呐喊：“为什么？为什么？”

假如我能让您感觉到这一悲惨境地，您也会匆匆地把它忘却；而为了让自己心安理得，您会像所有健康的人那样，不痛不痒地说到人们受苦的地方：人们说的那一切并没有那样可怕。我可是什么都不会对您说的。但是，请您离开我：您再也不能跟我在一起了。离开我，让我独自痛苦，让我独自痊愈，让我独自生活吧。请不要以为，给予我友谊来代替爱情就能抚慰我的心灵了；或许，当我不再痛苦的时候，那会是一帖安慰剂。但是，我现在很痛苦；而当我痛苦的时候，我会头也不回地远远离开。请别要求我回头，我会轻蔑地看着您，也不要远远地陪伴我。请您离开我。

一九三〇年十二月二十四日

我知道今天会收到您的一封来信，这就如同，我知道一周后，我将收到您的另一封信，信中会有您的新年祝福。我把这封信揉成一团，扔进了纸篓。我心中感到一阵轻松，如释重负。

然而，我却无法对此说出什么反驳的话；我本应该给您写信来着，对您表示一下感谢，并肯定一下我的友谊，作为对您的回应：但是，我做不到。您的信写得十分得体；我的行为则显得或许有些小气……但是，没有任何一封信会比您的信更让我伤心，没有任何一封信会比它更激烈地引起我的反应，让我铁了心地要离开您。

我不会给您写信了，因为，我要忘了您。留有您字迹的每一个信封，对我而言都是一种折磨；而我要回给您的每一句话，都是一场搏斗；我再也无法对您说别的，只能说一些约定俗成的老套语句，一想到往昔，我曾经爱过您，心就会感到一阵阵刺痛；我就会想方设法地去打探您的生活，这让我感到难堪：而我也不愿意那样做。

我不会给您写信了，因为您对一桩桩往事的陈述已使我愤慨不已。使我感受到羞辱的，并不是您的婚姻。我曾以为，对您来说，我是一个亲密的朋友，亲密得胜过任何男人、情妇和妻子。在我看来，我们之间的感情相当罕见，能够足以容忍您另有所爱。

然而，您表现得就跟其他所有人一样。您寻找着我的缺点，您嘴里说的只有它们；您难道还需要说服您自己，认定您不再爱我是有道理的呢？您决定结婚，您告知了我您的婚事；而为了告诉我这一消息，您忘记了我的缺点，记起了我的优点，为的是请求我继续爱着您。但是您是知道我的，就如同您在最近几个月里头反复告诉我的那样，我生性顽劣，向来就很自私自利，性格很糟糕，其实，我根本就不需要在您的眼中装出另外一副样子来。为了我，哪怕仅仅只是为了我，我们俩的关系还是彻底了断为好：现在，您再也不能给予我任何想要的东西了。

今天早上您给我来的这封信，恰好是我需要的。我要忘却我所遭受的痛苦；我想要把它“翻篇过去”；我曾想象着种种借口，故意闭上眼睛，对显而易见的事实视而不见，而用整个爱情破碎之后的藕断丝连的情感来自我哄骗和自我满足。我们还在等待一封来信；我们还在希望能在一次探望中重新找回往昔的一丝幻觉；门儿打开时，心儿还会猛跳不已；手腕一握还会产生以往亲吻的激情；我们还会小心珍藏起一朵带过来的玫瑰；而一句平庸的赞赏似乎就像一声悔恨的告白。然后，魔力消逝，我们清楚地知道，所有这一切全都是假的。那是一些柔和的藤蔓在缓缓攀爬，把一切留在一种消逝无踪的往昔之中，让人们不再有力量去行动，去活着。

如果我不曾爱过您，那我说不定还能再跟您见面；当我不再爱您时，我或许会去见您；但在此时此刻，我不愿意。

我不愿意听您那些早已时过境迁的情话。今天晚上，我不愿意让您温柔的嗓音来哄我入睡，因为您已经伤害了我。假如人们还想抱住一只被人弄伤了的小猫，它是会用爪子挠你们的，它是会逃走的；您就不要再试图将我挽留了。

我不喜欢您的那些安慰，我不喜欢您的那些祝福，我不喜欢您把我想象成很不幸的样子，然后，用一封信中的词语，千方百计地、热情洋溢地证明，您是多么地了解我的苦痛，您感觉您就在我的身边。您其实已经不再知道，在我的身边是一种什么样的感受。我用微微一笑回应“您的关爱”；在我的眼前，“宝宝”的形象是带着一种狂怒和痛苦的表情出现的：那还是在您爱着我的时候，还是在我跟您说我对您有很多关爱的时候。您祝福我生活得幸福，而我看您也很不错，正忙着帮我寻找能安慰我的一个丈夫，一个爱人。

您以为我的圣诞节会过得很凄惨，您想安慰我。哦，不！我可不想要您的那些抚慰，而圣诞节，只有当我愿意让它凄惨的时候，它才会是凄惨的。我已经把您的信揉成一团，我相信，我已经感到了一种解脱。我用这样的一个动作摆脱了您的抚慰，以及往昔那令人厌倦的流沙一般的困境。我发现自己又变得咄咄逼人起来，准备勇敢地直面没有了您的生活；而没有了您，生活或许就会变得更加美丽了：它是崭新的…… 纳入生活中的将永远是同样的东西；它将不会变得更好……它将依然是等待。但是，假如继续待在您的身边，继续一种早已熄灭的生活的种种假象，我又能得到什么呢？那将会是一种没有了信仰的宗教；我需要的是另一种信仰：而您的存在妨碍我去找到它。我将会感到快乐；您大可不必来安慰我。哦，圣诞节到了！

今天晚上有舞会。餐厅已经点缀了缤纷艳丽的彩带。病人们尽可能地根据外貌凑成一对，聚集在一张有鲜花装饰的大桌子周围。我们跳舞跳到很晚。我玩得十分开心。我感觉我有那么一点点疯狂，往昔的那种心血来潮重又回到了我的身上。我瞧着我自己手舞足蹈；我预见到这样的一种正常生活可能会产生的种种后果……但是，我全都顾不上了，我尽兴地玩着。谁知道呢，或许疾病会和我暂时休战呢！疾病也应该时不时地休息一下吧，它也应该有一个个礼拜日与节假日吧……在那些日子里，我们应该有可能活得跟以前一样。明天，我们将重回到病人的严苛生活中：我们需要继续斗争。但是今天晚上，我们竟然能够放声大笑，感觉肺部爆裂的小小担心也令人惊讶地消失了，这实在是太好了；能尽情地畅饮香槟酒，让脸蛋闪闪发光，这实在是太好了；这多少是因为充血所致，但是，我们就别去操心它啦：今天晚上，我们是不会咳血的。而能跳上一回舞，这实在是太好了！我们能够充满活力地站立着，还能不时地起身，坐下。我们的肉体，带着一种几乎宗教般的幸福感，重又找回了柔软的弯曲，得以紧紧地靠在舞伴的身上，而那聪明的放任动作则会跟另一个躯体的运动衔接得天衣无缝，它会如影随形地轻盈而又忠实地紧跟住对方的运动。当我们的躯体跟随一种节奏舞动起来时，另一种生命便轻扬起来；世界便变化了模样，它把胸脯的正中央，把这个确切的地方当成了中心，乐器的响亮韵律，还有脚踝的灵活扭动，似乎全都汇集到了这里。

跳舞，这是最幸福的生命律动；当人们以为不再能跳舞却又跳起舞来时，这是一次赢来的胜利。

我被生命的韵律摇得微微有些沉醉，我唯一的舞伴一直送到我的房门前，我们慢慢地上楼，或许明天他就会把今晚的这场舞会彻底忘却；我们亲吻了一下就分别了，彼此没有再说一句话。

附录：

夏尔·杜·博斯的笔记

十二月二十九日，以上的书页就寄往了达沃斯[1]，直奔邮件的收件人而去。我早就知道，玛塞尔·索瓦热奥的健康状况已经不能允许她再动笔写作了，但我早就决定，要去那里跑一趟，专程看望她。首先，是因为我不愿意再没有经过她首肯的情况下，

1 达沃斯（Davos），瑞士东南部格里松斯地区的一个城镇，靠近奥地利边境，那里有温泉，是一个著名疗养胜地和度假胜地。本书作者玛塞尔·索瓦热奥患肺结核病之后，就是在那里疗养，并在那里去世。

擅自作决定匆匆付印这篇序言。我希望她本人对这篇文章没有任何异议，而且最好这篇序言与她想象的一样精彩。其次是因为，我很愿意待在她那里，我希望她能以一种彻底的自由状态能跟我来一次亲切友好的谈话，而我的这篇序言的结尾则能唤醒她视察自己内心的欲望。我在一月一日的下午赶到了达沃斯，希望能在她亲自来阅读，观察她读这篇内容时的反应，但看起来是不可能的了，我得知这篇序言已经在头一天由一个朋友读给她听了，那是在一个她十分清醒，思维极端警觉的时刻——要知道，当她不处在麻醉剂作用之下的时候，她始终是很完美的。我到达的那天，我看到她跟疗养院的两个女性朋友在一起。刚开始我和她只是互相说着略有俗套的问候语，而后紧紧围绕着《我决定独自生活》以及序言的内容展开讨论。在第二天，一月二日的下午将尽傍晚时分，我们有了第一次单独见面的机会，而这一个小时的谈话中她对我说道："说到底，我实在不知道我是不是真的失去了信仰。”然后，在她重又一次听到《天主经》《圣母经》《信经》的时候，她又补充说了这句话：“这些祈祷，我常常念诵它们，而且，我还是始终赞同它们的。”翌日，在一种同样令人欣喜的纯洁精神中（这是就圣婴耶稣的圣特蕾莎[1]为我们而赋予这个词的意义来说的），她求得了天主的谅解，在一种从此不再离开她的安宁中，她收到了——当时，除了我们还有两位朋友[2]一起收到了——“耶稣的恩赐”[3]，接下来的那一天，又有

1 圣婴耶稣的圣特蕾莎（sainte Thérèse de l' enfant Jésus，1873—1897），又称里修的特蕾莎，是一个虔诚的法国修女。她在十五岁时进入了里修地方的加尔默罗修女会。过了九年的修女生活，其中最后的两年在某种“信仰之夜”中度过，她死于结核病。特蕾莎写有《一个心灵的故事》，死后不久出版。另：特蕾莎，又译德肋撒，或德兰。

2 据史料，这两人分别为作家勒内·克雷维尔（René Crevel，1900—1935）和医生让·佩尔蒂埃（Jean Peltier，生卒年不详），都是作者玛塞尔·索瓦热奥的朋友，克雷维尔是她多年之前在巴黎大学索邦学院时认识的老朋友。而让·佩尔蒂埃后来在鲁昂成为肺结核的专科医生。

3 所谓“活生生的面包”（pain vivant），当指耶稣基督。

一个朋友[1]也来了，跟我们会合在一起，我们原在的四个人[2]接待了他。后来我因为有事，不得不早早返回巴黎，后来在一月五日那天最后一次拜访了她。我是在一月六日的晚上，在巴黎收到电报才得知她在那天下午五点昏睡过去后溘然离世，那一时刻，钟声正好敲响，催促信徒们去为主显节[3]祝福。在我们的最后一次谈话中我曾经问她，有谁能真正地把她所珍惜的洛林的景色还给她，她回答我说："是克洛德[4]，唯独是他，以他笔触下的某些天空，以及他的某些深色的着色调。"——正是在这克洛德画笔下的天气里，一种

1 据同时在场的让·穆冬的回忆，那个人是亨利·朗博（Henri Rambaud，1899—1974），法国作家、记者、文学教师、英国文学专家。而让·穆冬（Jean Mouton，1899—1995）是法国文人。他曾在布加勒斯特和斯德哥尔摩任法国文化中心的主任。

2 这四个人中，序言作者夏尔·杜·博斯和让·穆冬是专程赶往达沃斯的，而勒内·克雷维尔和让·佩尔蒂埃则因患同一种病，在附近的疗养院疗养。

3 主显节（épiphanie），基督教节日，在每年的一月六日，是教会庆祝耶稣诞生的节日。所谓"主显"，指耶稣曾三次向世人显示其神性。又称"三王来朝节"。

4 可能指克洛德·洛兰（Claude Lorrain，1600—1682），法国画家，专注于风景画，画风属于巴洛克风格。

完全配得上克洛德的光影中，在一月十一日星期四那天，我们面对着裕尔的高坡，我们望着左边的艾帕尔日山一路前行，把她的遗体还往她的故乡，一个名叫特雷索沃[1]的村庄，送往那里的教堂和墓地。

夏·杜·博（C. D. B）

一九三四年一月十四日

主显节之后的第二个星期日

1 特雷索沃（Trésauvaux）是法国洛林地区默兹省的一个市镇。

年表[1]

- 1900年，玛塞尔·索瓦热奥（Marcelle Sauvageot）出生于阿登地区的夏尔维尔（Charleville）。在她出生之前的那一年，她父母失去了两个年幼的儿子。

- 1914年，玛塞尔·索瓦热奥上中学，全家迁居到法国东部洛林地区默兹省的巴勒迪克（Bar-le-Duc）附近的特雷索沃。战争期间，全家多次搬家。

- 1918年，（一战）战后，她在巴黎大学索邦学院读书，在学校认识了后来成为超现实主义作家的雷奈·克雷维，并通过克雷维跟超现实主义集团的作家、艺术家有所来往。

1 由译者根据互联网上的资料编辑整理。

- 1926年，她考取了文学教师资格证书，开始在家乡夏尔维尔的一所男子中学当文学教师。但是，刚开始其文学教师生涯不久，她就不幸染上了肺结核。

- 1929年，她的肺结核导致了胸膜炎发作，使得病情突然加重。

- 1930年，10月，她进入法国特奈–欧特维尔的疗养院疗养。

- 11月，她收到男友“宝宝”的来信，告知她，他与另一个女子结了婚。在失恋的打击下，她开始写《我决定独自生活》，用书信体的形式描述一段破碎了的刻骨铭心的爱情。于12月24日完成初稿。《我决定独自生活》被后人认为是玛塞尔·索瓦热奥的唯一一本书。

- 1931年，到6月为止，她一直住在特奈–欧特维尔的疗养院，但是，一次错误的诊断让她误以为病情有所好转，遂回到巴黎。当她很快又旧病复发，不得不进入瑞士达沃斯的疗养院。

- 1932年，她全年都在达沃斯的疗养院度过。

- 1933年，年初，她曾回巴黎一次。5月，病情加重，左肺遭到了永久性的损伤。12月1日，她再度返回达沃斯疗养院。

- 这一年，她的《我决定独自生活》一书有了非商业化的印行，但是，直到她逝世为止，只是在小圈子中发行了163册。不过，作品受到了保尔·克洛岱尔、保尔·瓦雷里、勒内·克雷维尔、克拉拉·马尔罗等文人的赞誉，被认为是一部杰作。

- 年底，夏尔·杜·博斯为她的《我决定独自生活》的第二版（即第一个正式商业流通版本）撰写序言。这一版本于次年由La Connaissance出版社出版。

- 1934年，1月1日，夏尔·杜·博斯和让·穆冬专程赶往达沃斯，去疗养院看望玛塞尔·索瓦热奥，接下来的几天中，在疗养院跟她做了几次谈话，话题都是关于《我决定独自生活》一书的出版工作。

- 1月6日，玛塞尔·索瓦热奥病情突发，下午五点钟逝世于瑞士达沃斯的疗养院。

- 1月11日，她的遗体被送往洛林地区默兹省的特雷索沃的墓地，与她的家人安葬在一起。

- 1936年，《我决定独自生活》重版，这个版本补上了作者的一些遗稿片段，在Stock出版社出版。之后于1943年重版。

- 1986年，《我决定独自生活》重版，增补了让·穆冬（Jean Mouton）写的《从平原到高山的拜访》（*La visite de la plaine à la montagne*）一文，并收有保尔·克洛岱尔、勒内·克雷维尔、亨利·弗西雍（Henri Focillon）、保尔·瓦雷里、让·佩尔蒂埃（Jean Peltier）的相关信件，这个版本在里摩日的Criterion出版社出版（1997年重版）。

- 2004年，作品以《放开我》为书名，以《我决定独自生活》为副题，在巴黎的Phébus出版社出版。之后又于2005、2009、2012年重版。其中的2009年版本，由法国电影、电视和舞台剧女演员艾尔莎·齐尔贝斯泰恩（Elsa Zylberstein）作序。

- 2005年，正是这位艾尔莎·齐尔贝斯泰恩把《放开我》改编成了戏剧作品（由拉艾蒂提娅·马松［Laetitia Masson］导演）。

- 2007年，《放开我》的另一个戏剧改编由克莱尔·夏扎尔（Claire Chazal）完成，从3月中旬到6月中旬，每星期二在巴黎的小剧场上演。

图书在版编目（CIP）数据

我决定独自生活 / (法) 玛塞尔·索瓦热奥著； 余中先译. — 北京 : 北京联合出版公司，2021.8
ISBN 978-7-5596-4017-8

Ⅰ. ①我… Ⅱ. ①玛… ②余… Ⅲ. ①随笔—作品集—法国—现代 Ⅳ. ①I565.65

中国版本图书馆CIP数据核字 (2021) 第086855号

我决定独自生活

作　　者：(法) 玛塞尔·索瓦热奥
译　　者：余中先
出 品 人：赵红仕
责任编辑：管　文

北京联合出版公司出版
（北京市西城区德外大街 83 号楼 9 层　100088）
北京联合天畅文化传播公司发行
北京美图印务有限公司印刷　新华书店经销
字数 60 千字　840 毫米 × 1194 毫米　1 / 32　4.5印张
2021 年 8 月第 1 版　2021 年 8 月第 1 次印刷
ISBN 978-7-5596-4017-8
定价：49.00元